高等职业学校"十四五"规划酒店管理
与数字化运营专业新形态系列教材

总主编 ◎ 周春林

餐厅服务实务

主　编　曹婷婷　莫小芳　兰　艳
副主编　黄钰荃　玉　雪　阮开宁
　　　　佘佳蓓　韦玲玲

华中科技大学出版社
http://press.hust.edu.cn
中国·武汉

内容提要

本书依据餐饮工作流程和典型工作任务,对接酒店行业职业标准和岗位能力要求,将内容设计为四大篇十个项目,包括餐饮入门篇、中餐服务技能篇、西餐服务技能篇和餐厅服务能力提升篇。每个项目都有"项目导读"和"项目目标",以学生的学习特点为出发点,注重理论与实践的结合,理论项目包括"知识准备""任务考核"等,实操项目包括"知识准备""操作规范""课堂实训"等,深入浅出、通俗易懂,力求使学生掌握餐饮服务的基本操作技能。本书配有图片、微课、操作视频、练习题答案等资源内容,具有一定的理论性、综合性、可操作性。

本书可作为高等职业院校酒店管理与数字化运营专业的教材,也可以作为应用型本科院校酒店管理专业的教材,还可以作为酒店行业管理和服务人员的培训、参考用书。

图书在版编目(CIP)数据

餐厅服务实务 / 曹婷婷,莫小芳,兰艳主编. —武汉:华中科技大学出版社,2024.1
ISBN 978-7-5772-0267-9

Ⅰ.①餐… Ⅱ.①曹… ②莫… ③兰… Ⅲ.①饮食业-商业服务-高等职业教育-教材 Ⅳ.①F719.3

中国国家版本馆CIP数据核字(2023)第245700号

餐厅服务实务
Canting Fuwu Shiwu

曹婷婷　莫小芳　兰艳　主编

策划编辑:李家乐	
责任编辑:张　琳	
封面设计:原色设计	
责任校对:刘　竣	
责任监印:周治超	
出版发行:华中科技大学出版社(中国·武汉)	电话:(027)81321913
武汉市东湖新技术开发区华工科技园	邮编:430223
录　　排:孙雅丽	
印　　刷:武汉市籍缘印刷厂	
开　　本:787mm×1092mm　1/16	
印　　张:15.25	
字　　数:340千字	
版　　次:2024年1月第1版第1次印刷	
定　　价:49.90元	

本书若有印装质量问题,请向出版社营销中心调换
全国免费服务热线:400-6679-118　　竭诚为您服务
版权所有　侵权必究

总序

2021年,习近平总书记对全国职业教育工作作出重要指示,强调要加快构建现代职业教育体系,培养更多高素质技术技能人才、能工巧匠、大国工匠。同年,教育部对职业教育专业目录进行全面修订,并启动《职业教育专业目录(2021年)》专业简介和专业教学标准的研制工作。

新版专业目录中,高职"酒店管理"专业更名为"酒店管理与数字化运营"专业,更名意味着重大转型。我们必须围绕"数字化运营"的新要求,贯彻党中央、国务院关于加强和改进新形势下大中小学教材建设的意见,落实教育部《职业院校教材管理办法》,联合校社、校企、校校多方力量,依据行业需求和科技发展趋势,根据专业简介和教学标准,梳理酒店管理与数字化运营专业课程,更新课程内容和学习任务,加快立体化、新形态教材开发,服务于数字化、技能型社会建设。

教材体现国家意志和社会主义核心价值观,是解决培养什么样的人、如何培养人以及为谁培养人这一根本问题的重要载体,是教学的基本依据,是培养高质量优秀人才的基本保证。伴随我国高等旅游职业教育的蓬勃发展,教材建设取得了明显成果,教材种类大幅增加,教材质量不断提高,对促进高等旅游职业教育发展起到了积极作用。在2021年首届全国教材建设奖评审中,有400种职业教育与继续教育类教材获奖。其中,旅游大类获一等奖优秀教材3种、二等奖优秀教材11种,高职酒店类获奖教材有3种。当前,酒店职业教育教材同质化、散沙化和内容老化、低水平重复建设现象依然存在,难以适应现代技术、行业发展和教学改革的要求。

在信息化、数字化、智能化叠加的新时代,新形态高职酒店类教材的编写既是一项研究课题,也是一项迫切的现实任务。应根据酒店管理与数字化运营专业人才培养目标准确进行教材定位,按照应用导向、能力导向要求,优化设计教材内容结构,将工学结合、产教融合、科教融合和课程思政等理念融入教材,带入课堂。应面向多元化生源,研究酒店数字化运营的职业特点及人才培养的业务规格，突破传统教材框架，探索高职学生易于接受的学习模式和内容体系，编写体现新时代高职特色的专业教材。

我们清楚，行业中多数酒店数字化运营的应用范围仅限于前台和营销渠道，部分酒店应用了订单管理系统，但大量散落在各个部门的有关顾客和内部营运的信息数据没有得到有效分析，数字化应用呈现碎片化。高校中懂专业的数字化教师队伍和酒店里懂营运的高级技术人才是行业在数字化管理进程中的最大缺位，是推动酒店职业教育数字化转型面临的最大困难，这方面人才的培养是我们努力的方向。

高职酒店管理与数字化运营专业教材的编写是一项系统工程，涉及"三教"改革的多个层面，需要多领域高水平协同研发。华中科技大学出版社与南京旅游职业学院、广州市问途信息技术有限公司合作，在全国范围内精心组织编审、编写团队，线下召开酒店管理与数字化运营专业新形态系列教材编写研讨会，线上反复商讨每部教材的框架体例和项目内容，充分听取主编、参编老师和业界专家的意见，在此特向这些参与研讨、提供资料、推荐主编和承担编写任务的各位同仁表示衷心的感谢。

该系列教材力求体现现代酒店职业教育特点和"三教"改革的成果，突出酒店职业特色与数字化运营特点，遵循技术技能人才成长规律，坚持知识传授与技术技能培养并重，强化学生职业素养养成和专业技术积累，将专业精神、职业精神和工匠精神融入教材内容。

期待这套凝聚全国高职旅游院校多位优秀教师和行业精英智慧的教材，能够在培养我国酒店高素质、复合型技术技能人才方面发挥应有的作用，能够为高职酒店管理与数字化运营专业新形态系列教材协同建设和推广应用探出新路子。

全国旅游职业教育教学指导委员会副主任委员
南京旅游职业学院党委书记、教授　周春林

前言

本书贯彻落实《教育部关于全面提高高等职业教育教学质量的若干意见》等文件精神,在职业教育专家及行业企业专家的指导和参与下,在充分进行岗位调研的基础上编写本教材。编者坚持改革创新,顺应新理论、新知识、新工艺、新技术、新流程、新经验的变化,以技能为核心,兼顾知识教育和素质教育进行教材编写。

本教材依据餐饮工作流程和典型工作任务,对接酒店行业职业标准和岗位能力要求,包括餐饮入门篇、中餐服务技能篇、西餐服务技能篇和餐厅服务能力提升篇四大模块,满足学生餐厅服务知识的学习需求,其主要的特色及创新点如下。

(1)立足国家最新职业教育标准及要求,紧跟酒店发展最新需求,结合酒店管理与数字化运营专业的职业方向、培养目标,以及与之对应的课程体系和教学体系进行教材内容设置。每个项目都有"项目导读"和"项目目标",以学生的学习特点为出发点,注重理论与实践相结合,理论项目有"知识准备""任务考核",实操项目有"知识准备""操作规范""课堂实训"等,深入浅出、通俗易懂,力求使学生掌握餐饮服务的基本操作技能。

(2)全面贯彻落实《国家职业教育改革实施方案》,组建"双元"编写团队,南宁职业技术学院、广西生态工程职业技术学院、广西工商职业技术学院、广西水利电力职业技术学院等多个高职院校的老师参与编写工作,还有南宁沃顿国际大酒店、南宁万丽酒店、广州海航威斯汀酒店、广州增城富力万达嘉华酒店等多个酒店的餐饮部负责人为本教材的编写献计献策。编写团队通过充分调研,选取合适的教材内容,校企合作参与本教材编写。

(3)本教材基于"岗课赛证"融通开发,根据岗位需求,规划课程体系,融合"全国职业院校技能大赛餐厅服务"赛项标准、"1+X"职业技能等级证书等级标准编写教材,制定教材考核标准。

(4)本教材注重立体资源建设,通过主教材、微课、PPT课件及习题等教学资源的有机结合,提高教学服务水平,为高素质技能型人才的培养创造良好的条件。同时,本书理论项目后都配有练习题,适应"数字化+职业教育"的发展需求,便于教师教学和学生对教材内容的理解。

(5)本教材在项目中进行课程思政内容融入,将思政"活"知识融入专业"硬"知识,能够全面提升学生职业素养。

编者在本教材的编写过程中进行了大量的调研,也参阅了大量专著和书籍,但本书作为高等职业技术教育教材改革与创新的成果,不可避免有其局限性,恳请广大读者提出宝贵意见,以便今后修订,使之不断完善。

编者

2023 年 10 月 30 日

目录
MULU

第一部分　餐饮入门篇　001

项目一　餐饮及餐饮服务认知　002
  任务一　餐饮业及餐饮服务认知　002
  任务二　了解餐饮企业组织结构　008
  任务三　餐饮服务人员素质认知　014

第二部分　中餐服务技能篇　019

项目二　中餐基本知识概述　020
  任务一　中餐概述　020
  任务二　中餐厅物品认知　026
  任务三　中餐服务流程　032

项目三　餐前准备　035
  任务一　餐厅预订服务　035
  任务二　个人、物品及环境准备　039
  任务三　托盘服务技能　043
  任务四　餐巾折花技能　050
  任务五　铺台布技能　058
  任务六　中餐摆台技能　063

项目四　餐前接待　074
  任务一　迎宾接待　074
  任务二　领位服务　077
  任务三　开餐巾落筷套　081
  任务四　茶水服务　084

任务五　点菜服务	088
项目五　餐间服务	093
任务一　上菜、分菜服务	093
任务二　酒水服务	104
任务三　巡台服务	113
项目六　餐后服务	116
任务一　结账服务	116
任务二　送客服务	121
任务三　收尾工作	124

第三部分　西餐服务技能篇　　　　129

项目七　西餐基本知识概述	130
任务一　西餐概述	130
任务二　西餐厅物品认知	137
任务三　西餐用餐顺序	144
项目八　西餐服务餐前准备	150
任务一　个人物品及环境准备	150
任务二　西餐摆台服务	155
项目九　西餐服务	169
任务一　美式服务	169
任务二　法式服务	176
任务三　俄式服务	182
任务四　英式服务	187
任务五　自助餐服务	192
任务六　西餐宴会服务	195

第四部分　餐厅服务能力提升篇　　　　203

项目十　餐厅服务能力提升	204
任务一　餐厅投诉及突发事件处理能力	205
任务二　餐厅创新能力	211
任务三　点菜服务能力	219
任务四　餐饮数字化运营能力	224
参考文献	232

第一部分

餐饮入门篇

项目一
餐饮及餐饮服务认知

 项目导读

餐饮业作为我国第三产业中的支柱产业之一,一直在人民生活和经济发展中发挥着重要作用。随着经济的发展和人民生活水平的提升,餐饮业的竞争日益激烈,餐饮服务质量成为提高餐厅竞争力的核心因素。

 项目目标

1. 掌握餐饮业及餐饮服务的概念、类型及特征;
2. 了解餐饮企业组织结构及功能划分;
3. 掌握餐饮服务人员应该具备的基本素质。

任务一 餐饮业及餐饮服务认知

知识准备

一、餐饮业及餐饮服务概念

《礼记》有云:"夫礼之初,始诸饮食"。饮食是一种文化,是反映民族和地区特色的重要组成部分。饮食经历了漫长的发展历程,在这一过程中,逐步形成了特定的礼仪和习俗,饮食业从人类的自然行为逐渐变成了一种经济业态——餐饮业。

根据《国民经济行业分类注释》的定义,餐饮业(catering)是指通过即时加工制作、商业销售和服务性劳动等,向消费者提供食品和消费场所及设施的服务行业。按欧美标准行业分类法的定义,餐饮业是指以营利为目的的餐饮服务机构。而餐饮服务是在餐饮业基础上衍生出来的概念,狭义的餐饮服务是指餐饮人员协助客人用餐等一系列的活动;广义的餐饮服务是指餐厅为客人提供的一系列有关餐饮服务的设施、餐具、菜肴、酒水,并协助客人用餐的一系列活动。

二、餐饮类型

随着社会的发展,餐饮及餐饮服务呈现多元化发展趋势,从不同角度划分有不同类型:按经营方式分类,可以分为独立经营、连锁经营、依附经营等餐饮业态;按餐饮产品分类,可以分为正餐餐饮、快餐餐饮、茶点餐饮和酒吧餐饮等;按就餐时间分类,则可分为早点餐饮、正餐餐饮、休闲餐饮和夜宵餐饮等。从餐厅的经营形式来看,当今的餐饮业主要包括以下三大类型。

(一)酒店餐饮

酒店餐饮主要指酒店(度假村、商务酒店、宾馆、招待所、汽车旅馆等)所属的餐饮经营业务。酒店餐饮是酒店业务的重要组成部分,主要面向酒店住店客人或酒店周边市场。酒店餐饮较其他类型的餐饮有着其自身的特点,具体如下。

1.酒店经营的产品较为齐全,能够满足客人多样化需求

酒店不仅能为客人提供餐饮,还能为客人提供住宿、康乐等服务,部分酒店餐饮产品种类多样,能够满足客人的多样化需求。

2.酒店餐饮产品与酒店经营档次相适应

酒店餐饮产品属于酒店的附属经营产品,其装修档次、菜品档次受酒店经营档次的影响,在人事、采购、财务、销售等方面与酒店整体经营目标保持一致。一般来说,高档酒店提供的餐饮产品档次、服务水平都较一般的餐饮产品要高,且消费水准也较高。

(二)社会餐饮

社会餐饮主要指各类独立经营的餐饮服务机构,如餐馆、酒楼、快餐店、小吃店、茶馆、酒吧、咖啡屋、冷饮吧、火锅店、烧烤店等。这类餐饮服务机构主要面向社会公众,有着不同档次,能够满足不同层次客人的消费需求。社会餐饮的特点如下。

1.经营方向和产品比较单一

社会餐饮产品往往是单一产品或具有某一特色,如专门销售冷饮或专门销售火锅,菜肴以某一地方菜系为主或以某种原料为主,能够吸引喜欢这类产品的客人到店消费。

2. 组织结构较为简单，敢于创新

相比酒店的组织结构而言，社会餐饮的组织结构较为简单，管理层级少，信息传递快，因而能够敏锐地捕捉到市场的最新需求，并做出快速的反应，满足客人的需求。

（三）单位食堂

单位食堂主要指一些企事业单位的食堂，如学校、企业、医院、建筑工地等单位的食堂或餐厅。单位食堂的特点如下。

1. 部分食堂具有公益性和非营利性特点

相比酒店餐饮和社会餐饮的营利性，这类餐饮最大的特点就是部分具有非营利性，如中小学食堂、部分企事业单位食堂等，它们往往不收费或只收取成本费用。

2. 主要服务特定人群，一般不对外营业

通常主要服务企事业单位员工、学生等的单位食堂，一般不对外营业。

三、餐饮业及餐饮服务的基本特征

（一）餐饮业的基本特征

1. 餐饮业的劳动密集性

餐饮业属于服务产业，不论是餐厅前厅还是后厨，餐饮业都需要投入大量的人力资源。如何获取餐饮业人力资源，提升餐饮业人力资源效能，成为当今餐饮业的一大重要课题。

2. 餐饮业对国民经济发展的依赖性

经济越发展，人们就有更多的可支配收入用于消费。随着人们的社会交往和旅游等活动越来越频繁，当地居民和社会各界人士对餐饮产品的需求量也越来越大。2019年底至2022年底，受疫情影响，餐饮业遭受了前所未有的冲击。

3. 餐饮产品质量性状的脆弱性

餐饮产品的生产原料大多为鲜活物品，容易腐坏变质，各类干料的保质期也较短。很多菜品，当温度变化时，其风味都会发生变化，即使再次加热都无法恢复原来的风味。餐饮产品质量性状的不稳定性和脆弱性给餐饮部的生产经营带来了许多的困难。

4. 餐饮产品生产与销售的同时性

餐饮产品质量性状的脆弱性决定了餐饮产品生产与销售的同时性。大多数餐饮产品只能在客人购买、消费之前很短的时间内生产，也就是要"现做现吃"，或者"边做边吃"。这就使得餐饮产品的生产、销售与消费必须同时进行。

5.餐饮产品的地方特色性

不同民族、不同地区、不同国家,受生活环境、地方气候等的影响,各地的食品材料不同,各地人民的生活习惯也不同,因此,不同地区的餐饮呈现出不同的特征,有着鲜明的地方特色,如我国有鲁菜、川菜、苏菜、粤菜等不同的菜系,国外也有法式、俄式、英式、美式等不同类型的餐饮。

6.餐饮销售的综合性

餐饮产品是由食品、餐饮服务、餐具、餐饮设施设备及经营服务场所等要素构成的有机整体,因此餐饮销售时,售卖的不单纯只有食物本身。这也是同一餐饮在不同餐饮场所价格不同的主要原因。

(二)餐饮服务的基本特征

餐饮服务是餐饮企业员工为就餐客人提供餐饮产品的一系列活动。餐饮服务可分为直接对客的前台服务和间接对客的后台服务。前台服务是指餐厅、酒吧等餐饮营业点面对面为客人提供的服务,而后台服务则是指仓库、厨房等客人视线不能触及的部门为餐饮产品的生产、服务所做的一系列工作。前台服务与后台服务相辅相成,后台服务是前台服务的基础,前台服务是后台服务的继续与完善。餐饮服务具有以下四个特征。

1.无形性

餐饮服务不同于水果、蔬菜等有形产品,无法从色泽、大小、形状等方面判别质量好坏。餐饮服务只能通过就餐客人购买、享受服务之后所得到的亲身感受来评价其好坏。

2.一次性

餐饮服务只能一次使用、当场享受,这就是说只有当客人进入餐厅服务才能进行,当客人离店后,服务也就自然终止。一旦提供给客人是不合格的、不满意的服务,那将是永远无法改变的。

3.直接性

一般的工农业产品生产出来后,大都要经过多个流通环节,才能到达消费者手中。如果产品在出厂前质量检验不合格可以返工,在商店里客人认为不满意的商品可以不去购买,而餐饮产品则不同,它的生产、销售、消费几乎是同步进行的,因而生产者与消费者之间是当面服务、当面消费。

4.差异性

一方面,餐饮服务是由餐饮部门工作人员通过劳动来完成的,每位工作人员由于年龄、性别、性格、素质和文化程度等方面的不同,他们为客人提供的餐饮服务也不尽相同。另一方面,同一服务员在不同的场合、不同的时间,或面对不同的客人,其服务态度和服务方式也会有一定的差异。

随着经济的发展,餐饮业的竞争愈加激烈,餐饮业态将朝着多元化、细分化发展,这就需要餐饮管理者能够牢牢把握餐饮业和餐饮服务的特征,打造餐饮特色,创新餐饮产品,重视餐饮服务,以求能在激烈的竞争中取得一席之地。

思政园地

> 2023年初,中国旅游饭店业协会会长李峰在接受中国旅游报记者专访时提到,提升酒店影响力的基础是服务质量,酒店要更好地契合客人的需求,创新服务方式,提升产品力,平衡好服务效率与生产效率之间的关系。全面提升酒店服务质量,推动中国酒店业、旅游业高质量发展,助力中国式现代化目标的实现是我们每一位酒店人的时代责任和光荣使命。
>
> 大家要有作为酒店人的使命担当和责任意识,当下的主要任务就是要脚踏实地,认真学好知识,为未来的酒店工作打下坚实的基础。

知识拓展

中西饮食差异

1. 饮食观念差异

中国素有"民以食为天,食以味为先"的说法,在中国人的饮食观念中,追求食物美味是最主要的目的。西方哲学崇尚目的性,因此西方人更加注重饮食的营养和能量。

2. 食材差异

受传统农耕文化的影响,中国人的餐桌上多以谷物、蔬菜为主,配以少量肉类。西方人的餐桌上则以牛羊肉类制品居多,其主要原因是西方国家以畜牧业为主,饲养大量的牛羊,在长期的商品经济社会中,比起谷物蔬菜等农产品,肉类、奶制品等经济商品能够在贸易往来中获得更大的经济收益。

3. 饮食习惯差异

中国人喜欢吃热气腾腾的菜肴,更有"一热三鲜"之说,除凉菜外,中国人的餐桌上的主菜几乎都为热菜,而且多为全熟的菜品。而西方人喜食冷食、凉菜,从冷盘、沙拉到冷饮,餐桌上少不了冷菜,且还喜欢吃不经过任何加工的海鲜和半生带血的牛排,他们认为食物不烹制或者简单烹制能够保留食物本身的味道和最大的营养。

4. 烹饪方式差异

中国饮食烹饪讲究"五味调和",基本每道菜都要用两种以上的原料和多种调料来调和烹制。中国饮食烹饪手法众多,且在烹制过程中极为讲究,烹制容器、烹制时间、火候、调料配比等不同,烹制的味道也不同,甚至同一厨师在不同的阶段,同一道菜也可能做出不同的口味,通常中国饮食烹饪的过程也较为复杂。西方饮食烹饪方法较少,烹调工序较简单,在烹制过程中,食材、调味品重量均已量化,烹制时间也已完全明确,因此西方饮食烹饪大多是一种简单的机械性工作,每次制作出来的味道能够基本保持一致。

5.进餐习俗差异

在中国,无论是家庭用餐还是正式宴会,大家都喜欢围桌而坐。所有菜品全部摆放在桌上,人们一起食用菜品,相互敬酒、劝菜,借此表达礼让和尊重,增添用餐氛围。西方人习惯分餐而食,每个人各取所需,不会浪费。

中国人习惯使用筷子,筷子天圆地方,圆钝不锋利,夹菜入口不伤唇舌,这正是儒家中庸思想的一种体现。使用筷子时,需要两根筷子相互协作才能保证顺利进餐。西方人习惯使用刀叉,叉子的四个叉齿相互独立,独立作用完成进餐。

中西方进餐习俗的差异正是中西文化差异的一种体现:中国人重集体,个人愿意为集体奉献,西方人重个人,个人不以集体需求为转移。

思政园地

> 中国的文明观:文明是多彩的,人类文明因多样才有交流互鉴的价值;文明是平等的,人类文明因平等才有交流互鉴的前提;文明是包容的,人类文明因包容才有交流互鉴的动力。
>
> 我们要用包容的态度看待中西方饮食差异,首先我们要多学习研究中国饮食文化,传承我国优秀饮食文化,在对我国饮食文化自信的同时,也要能够用一颗包容的心去对待西方饮食文化,取其精华,去其糟粕,让未来的中国餐饮向更高、更强的方向发展。

任务考核

一、填空题

1. 根据《国民经济行业分类注释》的定义,_____是指通过即时加工制作、商业销售和服务性劳动等,向消费者提供食品和消费场所及设施的服务行业。

2. 从餐厅的经营形式来看,当今的餐饮业主要包括以下三大类型:_____、_____、_____。

3. _____是餐饮企业员工为就餐客人提供餐饮产品的一系列活动。

二、多项选择题

1. 餐饮服务具有( )的特征。
   A. 一次性 B. 无形性
   C. 差异性 D. 直接性

2. 以下属于餐饮业特征的有( )。
   A. 餐饮业是劳务密集型产业

B. 餐饮业对国民经济具有依赖性
C. 餐饮产品的生产和销售具有同时性
D. 餐饮产品质量性状具有脆弱性
E. 餐饮销售性质的综合性

三、实践题

以小组为单位,通过线上查找资料的方式,寻找各国餐饮服务的发展历程,并制作PPT,录制解说视频。

任务二　了解餐饮企业组织结构

知识准备

一、餐饮企业组织结构

餐饮企业组织结构是餐饮企业中各组成要素之间的相互关系的框架,是餐饮企业内部分工协作的基本形式。餐饮企业组织结构规定了管理对象、工作范围和上下级联络事宜,以更有效地实现餐饮企业的目标。通过餐饮组织结构图可以看出管理幅度、集权分权、分工协作、上下级关系。

不同企业经营实际(如规模、接待能力、类型等)不同,组织结构及岗位需求也会有所不同,所以餐饮企业组织结构需要根据企业的实际情况进行设置,不同类型的餐饮企业组织结构会略有不同,例如,部分酒店餐饮部的原料采购、验收、保管等业务由酒店采购部负责,餐饮部各营业点的收款等财务业务由酒店财务部负责,有些酒店则将上述两项业务归入餐饮部负责。虽然不同企业都有着各自的特点,但从整体上来说,同类餐饮企业的组织结构也在很大程度上有相似的特征。一般来说,餐饮部主要由前台服务和后台服务两个部分组成,通过两部分的相互协作,完成从餐饮原料的采购、验收、储存、发放,到厨房的初步加工、切配、烹调,再到餐厅的各项服务工作。

(一)小型餐饮企业组织结构

小型餐饮企业组织结构较为简单,主要有前台服务人员,如餐饮部主管、餐饮部领班、服务员等,还有后台服务人员,如厨房主管、厨房领班、厨师、管事部领班、管事员等。

小型酒店餐饮部结构图如图1-2-1所示。

小型社会餐饮组织结构设置会更为简单(图1-2-2),有些小型社会餐饮店甚至以夫妻店的形式存在,一人担任厨师,另一人完成服务接待。

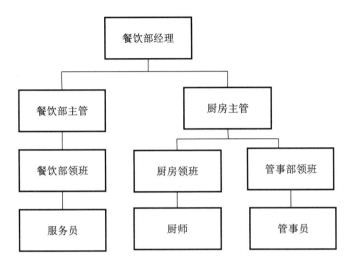

图1-2-1　小型酒店餐饮部组织结构图

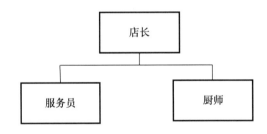

图1-2-2　小型社会餐饮组织结构图

(二)中型餐饮企业组织结构

中型餐饮企业餐饮功能比较齐全、分工比较细,特别是星级酒店,无论是功能配置还是业务范围都相对较大,不但餐饮种类多样,还有专用于宴会接待的宴会厅,其餐饮部组织结构设置比小型餐饮企业要复杂得多。

中型酒店餐饮部组织结构图如图1-2-3所示。

中型社会餐饮组织结构设置相比酒店餐饮部设置而言,仍会相对简单,其中服务员多为通岗,即服务员需兼顾迎宾、收银、传菜、服务的所有事情,工作内容较为繁杂。

中型社会餐饮组织结构图如图1-2-4所示。

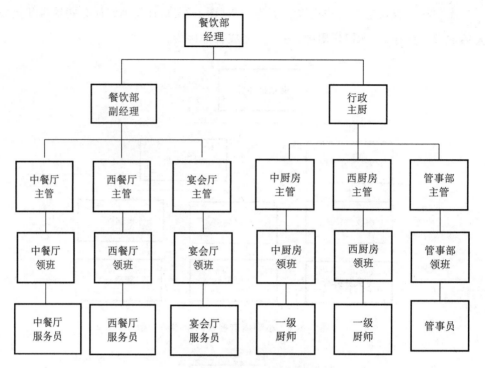

图1-2-3 中型酒店餐饮部组织结构图

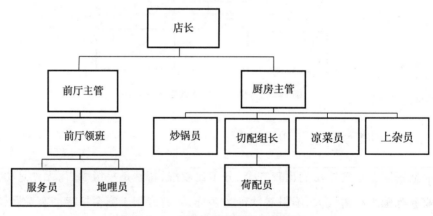

图1-2-4 中型社会餐饮组织结构图

(三)大型餐饮企业组织结构

大型酒店餐饮部结构较为庞大和复杂,内部餐厅经营种类较多,可以满足客人的不同饮食要求,内部分工更加细致,专业化程度更高。

一般大型酒店餐饮企业组织结构图如图1-2-5所示。

大型的社会餐饮组织较中型的社会餐饮组织人员数量多,分工会更细,但与酒店餐饮部相比而言,整体上还是更加简单,因此一般社会餐饮组织能够较为敏锐地抓住客人的需求，能够根据客人的需求做出较快的调整和反馈。

大型社会餐饮组织结构图如图1-2-6所示。

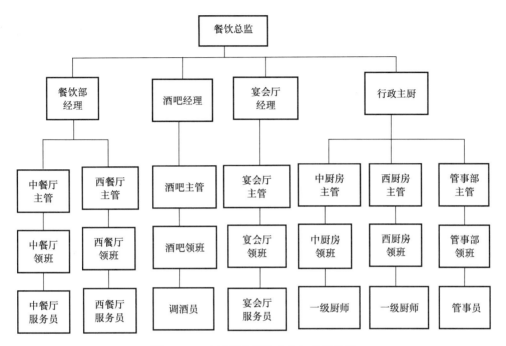

图1-2-5　大型酒店餐饮企业组织结构图

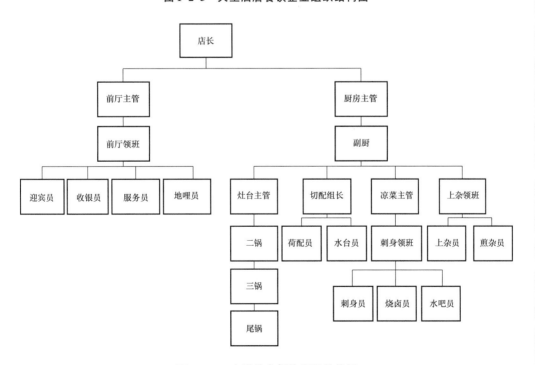

图1-2-6　大型社会餐饮组织结构图

餐饮企业的组织结构没有固定模式，不同的餐饮企业的经营背景和经营方向不同，为便于企业管理，提升组织效能，其组织结构也要根据企业需求和企业所处阶段进行相应调整。

二、餐饮企业功能划分及其主要职能

餐饮企业分为前台服务和后台服务两大模块，其主要功能包括对客服务、烹饪、清洗等，部分餐饮企业后台服务模块还有采购任务，因此，餐饮企业的主要职能包括以下两部分。

（一）前台模块

前台模块主要由餐饮企业的对客接待部门构成，如中餐厅、西餐厅、宴会厅、酒吧等，部分酒店还提供房内用餐服务。前台模块负责对客服务，其主要职能是满足客人需求，积极推销产品，为客人提供餐饮服务，努力降低成本，保持用餐环境的卫生清洁和设施设备的完好。

（二）后台模块

后台模块主要包括厨务、管事两大模块，其各项职能主要如下。

1. 厨务部

厨务部主要负责菜品采购、保存、清洗、初加工到菜肴成品制作的一切事务，在确保菜品质量的同时，厨务部还需根据市场需求和变化定期创新菜式，开发特色菜，以吸引客人的到来，此外，厨务部还应加强生产流程的管理，控制原料成本，减少费用开支。

2. 管事部

管事部是餐饮部的附属部门，主要职能是负责餐饮部后台的清洁卫生工作，负责所有餐具、器皿的洗涤、消毒与储藏，负责餐饮部物流财产的管理工作，必要时为各餐饮部门的临时需求提供支援。

餐饮企业这两大模块既要有明确分工，也需密切配合，才能找准正确的经营方向，根据市场做出及时调整，满足市场需求，为企业创造利润。

思政园地

> 2019年底，新冠疫情暴发。在党中央的号召下，全国上下团结一致、闻令而动、众志成城、同舟共济，医护人员迅速集结驰援湖北，解放军战士星夜兼程高效运送疫情防控物资，建设单位超常运转，10天建成火神山医院，企业迅速恢复产能生产防疫物资……这些都得益于党领导的强大组织体系。
>
> 试想一个餐饮企业如何能做到上下齐心，团结一致，在竞争中处于有利地位呢？

知识拓展

餐饮组织结构设计依据

1. 餐厅经营形式

不同类型的餐厅,如外卖餐厅和实体经营餐厅,其岗位设置和人员数量的要求都是不同的。另外酒店餐饮部和独立的社会餐饮组织结构也会有所不同,酒店餐饮部属于酒店的一部分,它不需要再设置财务、人事劳动等部门。而独立的社会餐饮则需要全面设置企业岗位,确保餐饮企业的正常运行。

2. 餐厅经营类型

餐厅经营类型越多,专业化分工越细,内部人员、部门越多,组织机构的规模越大。

3. 餐厅餐位数

餐位数越多,规模越大,用人数量就越多;反之,餐位数越少,用人数量就越少。

4. 餐厅经营市场环境

餐厅组织结构不是一成不变的。不同地区、不同企业、不同时期的餐厅经营市场环境不同,餐厅组织结构也会有所不同。餐厅经营市场环境不好,需要根据实际情况调整组织结构,因此,餐饮管理组织机构的规模和形式会随着市场环境的变化而调整。

任务考核

一、填空题

1. _____是餐饮企业中各组成要素之间的相互关系的框架,是餐饮企业内部分工协作的基本形式。

2. 一般来说,餐饮部主要由_____和_____两个部分组成,通过两部分之间的相互协作,完成从餐饮原料的采购、验收、储存、发放,到厨房的初步加工、切配、烹调,再到餐厅的各项服务工作。

二、判断题

1. 所有中型餐饮企业组织结构都是一样的,不会存在差别。(   )

2. 餐饮企业后台模块的主要任务有烹饪、清洗,部分还需要采购。(   )

三、简答题

请简述餐饮前台模块的主要职能。

任务三　餐饮服务人员素质认知

知识准备

餐饮服务人员是指餐饮企业为客人提供餐饮服务的工作人员,从广义的角度讲,餐饮企业的管理人员、餐饮产品的生产人员和餐厅服务员都属于餐饮服务人员,但从狭义的角度来讲,餐饮服务人员特指在用餐环境中,面对面为客人提供服务的工作人员。专业、优质的餐厅服务能够提升客人的满意度,餐饮服务人员所具备的素质决定了餐厅服务质量和水平。餐饮企业应该重视餐饮服务人员素质的提升,从而促进餐饮服务质量的提升。那么,餐饮服务人员应该具备哪些基本素质呢?

一、思想素质

(一)爱岗敬业,忠于职守

餐饮服务人员应该在岗爱岗、敬业乐业。餐饮服务人员应该认可、热爱自己的本职工作,明确自身工作的意义。只有充分认可、热爱餐饮服务工作,才能全身心地投入工作,在工作中不断学习、奋发向上、开拓创新,才能让客人感受到餐饮服务人员的热情,提升客人的满意度。同时餐饮服务人员还应忠于职守,廉洁奉公,不得做出有损国家、企业形象的事情。

(二)热情友好,文明礼貌

在餐饮服务过程中,餐饮服务人员应该以饱满的热情和友好的态度接待每一位客人,要做到主动、热情、耐心、周到。同时还要懂礼节、讲礼貌,时刻注意自己的言行举止,时刻注意客人的需求,为客人提供优质、专业的服务。

(三)不卑不亢,一视同仁

餐饮服务虽然需要尊重客人、礼貌服务,但这不等同于餐饮服务需要低三下四,而应该做到不卑不亢、张弛有度。无论客人的国籍、肤色、种族、信仰、贫富、年龄、性别如何,都应一视同仁,平等待客,绝对不允许有种族歧视、嫌贫爱富现象。

(四)顾全大局,团结协作

在餐饮业,团队合作是非常重要的一环。合格的餐饮服务人员应该懂得与其他同事保持良好的协作,共同完成各项任务。餐饮服务过程中的任何一个环节发生问题,都会影响客人的评价,因此无论发生什么事,餐饮服务人员都要顾全大局,本着行业精神,去对待处理问题。

二、身体素质

餐饮服务人员应该身体健康,无传染病及相关疾病病史,因此,在从事餐饮服务工作前,要到当地疾病预防控制中心或经卫生行政部门审批承担预防性健康检查的医疗卫生机构进行身体检查和卫生知识培训,体检合格后方可上岗,且此后每年都需要进行身体检查,以确保身体健康,凡患有各种传染病和化脓性、渗出性皮肤病的人,都不宜从事餐饮服务工作。

餐饮服务工作内容非常繁杂,不但要为客人提供物质服务,需要托盘站立、行走、上菜等,还需要为客人提供精神服务,要随时关注客人的需求,餐饮服务人员需要有足够的体力和精力才能去应对这一系列的工作,这就需要餐饮服务人员有良好的身体素质。

三、业务素质

(一)规范的礼仪礼貌

餐饮服务人员要遵守礼仪礼貌,具体包括以下几个方面。

1.仪表整洁

餐饮服务人员应保持整洁的仪容,穿着统一的工作服,佩戴工作牌,头发整齐,指甲干净。

2.微笑服务

面对客人时,始终保持微笑,展现出热情、友好的态度,让客人有宾至如归的感觉。

3.语言礼貌

与客人交流时,要使用礼貌用语,如"您好""请""谢谢"等,避免使用粗俗、不雅的语言。

4.尊重客人

尊重客人的个人习惯和需求,不对客人的言行进行评价和指责。

(二)专业、娴熟的操作技能

餐饮服务有一整套既定的流程,每个环节都有其操作标准和要求。餐饮服务人员需要掌握托盘、折花、铺台布等基本技能,需要掌握斟酒、分菜、上菜等服务技能,还应具备一定的推销技能。只有操作技能专业、娴熟,才能取得客人的信任,提升客人的满意度。

(三)高效灵活的突发事件处理能力

突发事件在餐饮服务中的处理,关系到餐饮服务的质量水平和客人的满意程度,同时也能体现服务人员的服务能力。在遇到突发情况时,餐饮服务人员应该冷静应对,能够独当一面地解决问题,在争取客人满意的同时,能够保证餐厅的利益。

(四)丰富的文化知识储备

餐饮服务人员需要了解不同地区的风俗习惯、饮食文化等,以便在为客人提供服务时能够更好地满足客人的需求。还应该掌握一定的菜品知识、酒水知识、礼仪知识、心理学知识、人际交往知识等多种知识及相关法律法规等,才能为客人提供更专业的服务。

(五)热情的服务态度

作为餐饮服务人员,应该具备良好的服务意识和热情的服务态度,具体如下。

1. 热情欢迎

餐饮服务人员在客人进店时,应主动上前迎接,用微笑和热情的语言表示欢迎,让客人感受到宾至如归。

2. 主动关注

在客人用餐过程中,餐饮服务人员应主动关注客人的需求,如询问菜品口味、添加餐具等,确保客人用餐舒适。

3. 耐心倾听

在与客人沟通时,餐饮服务人员应耐心倾听客人的需求和意见,以便更好地为客人提供服务。

4. 及时回应

对客人提出的问题和需求,餐饮服务人员应及时回应,尽快解决问题,让客人感受到高效的服务。

5. 专业推荐

根据客人的口味和需求,餐饮服务人员应主动为客人推荐合适的菜品,让客人感受到专业的服务。

6. 细致入微

在为客人提供服务时,餐饮服务人员应注意细节,如及时为客人倒水、置换餐具等,确保客人用餐舒适。

7. 保持微笑

在整个服务过程中,餐饮服务人员都应保持微笑,展现出热情、友好的态度,让客人感受到愉悦的氛围。

8.礼貌用语

与客人沟通时应使用文明用语,照顾客人的情绪,注意说话的语气语调。

9.适时赞美

在适当的时候,对客人的品位、穿着等方面给予赞美,让客人感受到被尊重和重视。

10.保持热情

无论遇到什么样的客人和问题,餐饮服务人员都应保持热情的服务态度,始终以客人为中心,为客人提供优质的服务。

任务考核

一、填空题

1._____是指餐饮企业为客人提供餐饮服务的工作人员。

2.餐饮服务人员应该具备的素质包括_____、_____、_____。

二、选择题

1.餐饮服务人员应该具备的思想素质包括(　　)。

A.爱岗敬业,忠于职守　　　　　B.热情友好,文明礼貌

C.不卑不亢,一视同仁　　　　　D.顾全大局,团结协作

2.餐饮服务人员应该具备的业务素质包括(　　)。

A.规范的礼仪礼貌　　　　　　　B.专业、娴熟的操作技能

C.高效灵活的突发事件处理能力　D.丰富的文化知识储备

E.热情的服务态度

第二部分

中餐服务技能篇

项目二 中餐基本知识概述

项目导读

中国饮食文化博大精深。悠久的餐饮历史、独特的餐饮特色,吸引了世界各地的美食爱好者。作为餐饮服务工作者,不仅要了解我国餐饮业发展的悠久历史、灿烂文化,还要了解中餐和其他餐饮方式的不同,熟悉中餐服务流程,这样才会有自信,才能更好地为客人服务,带给客人高质量的用餐体验。

项目目标

1. 掌握中餐的概念、菜系及特点;
2. 了解中餐发展历史;
3. 认识餐厅物品;
4. 熟悉中餐服务流程。

任务一 中餐概述

知识准备

一、中餐的概念

中国餐饮文化源远流长、博大精深,是中国传统文化的重要组成部分。古语有云:"民以食为天",意思是说"食"是人们生存的根本。长久以来,饮食在中国人心里占据着重要地位。

（一）中餐的定义

中餐（Chinese food）指的是在饮食结构、食物制作、器皿、营养保健、饮食审美观、饮食礼仪等方面具有中国特色的餐食菜肴。

经历了几千年的发展与沉淀，中国餐饮文化具有灿烂的文化和深厚的底蕴。长期以来，由于历史原因，受不同的地理环境、气候物产、文化传统及民族习俗等因素的影响，形成了品种众多、风味独特的地方餐饮文化。早在春秋战国时期，中国南北菜肴的风味就表现出差异。到了唐宋时期，南方和北方已各自形成了不同的饮食体系。清代初期，鲁菜、苏菜、粤菜、川菜成为我国极具影响力的地方菜，被称为四大菜系，到了清代末期，浙菜、闽菜、湘菜、徽菜四大新地方菜系分别形成，与四大菜系融合共同构成中国饮食文化史上的八大菜系。除八大菜系外还有一些在中国较有影响的菜系，如东北菜、冀菜、豫菜、鄂菜、本邦菜、客家菜、赣菜、京菜等。

（二）中餐的特点

中餐注重色、香、味、形等，具有以下显著特点。

1. 选料广泛，物尽其用

中国幅员辽阔，物产丰富，食材多样。人们喜欢猎奇，各类可以食用的动物和植物，无所不食。面对丰富的食物原料，也讲究物尽其用。

2. 刀工精湛，装盘精美

中餐厨师非常讲究刀工，可以把原料加工成丝、丁、片、条、段、粒、末、茸（泥）等。同时还注重菜肴盛装器皿的选择，根据菜肴的造型、色泽、风味和用料来选择搭配精美的器具，装饰品雕刻精美。

3. 技法多样，注重火候

中餐的烹调方法非常多，通常有炒、爆、炸、贴、烧、炖、烩、炝、拌、卤、焖、蒸、拔丝等。烹调时候厨师非常注重对火候的把握。

4. 调味精巧，味型多变

中餐多数菜肴注重调味，调味精巧体现于擅长在烹调过程中将主料、辅料和调料有序添加进行调味，菜点口味丰富，富于变化。

5. 药食同源，食疗结合

中餐菜品讲究食疗与养生作用。在烹调过程中，按照药膳机理将不同原料组合搭配，形成具有不同功能的特色药膳，对人体具有不同的食疗保健作用。

二、中餐发展历史

中餐历史源远流长，从商周到春秋战国，从秦汉至唐宋，再到元、明、清，直至现在，几千年的历史发展孕育出了博大精深的中国饮食文化。中国餐饮业秉承了几千年的文化底蕴。

（一）中国餐饮业的萌芽期

在整个中国餐饮文化史中,萌芽阶段的发展历程可谓最为漫长,最为艰难。在原始社会,人类以打猎为生,过着茹毛饮血、污尊抔饮的生活,历经漫长的岁月,才出现燧人氏钻木取火,人类进入火烹时代,这是中国原始餐饮文化发展的重要里程碑,它不仅结束了人们茹毛饮血的时代,更重要的是使中国社会文明出现了一次巨大的飞跃。

（二）中国餐饮业的发展期

夏、商、周时期餐饮业形成独立行业。青铜器的出现,如"鼎"的使用,促进了烹饪技术的发展和提高。周朝时出现了我国最早的名菜"八珍",贵族阶层讲究用餐礼仪,音乐助餐形式出现。

春秋战国时期,有了自产的谷物菜蔬,烹饪技法和食材进一步丰富,推动了餐饮业的发展。

汉代是中国饮食文化的丰富时期,归功于与西域的饮食文化交流,一些西域烹调方法和食材传入。东汉时期,淮南王刘安发明豆腐,使豆类的营养得到消化,不仅物美价廉,还可做出许多种菜肴。东汉还出现了植物油。据说东汉文学家、书法家蔡邕酿造出了酱油。整个餐饮业呈现出"熟食遍地,肴旅成市"的景象。

唐宋盛世时期被誉为我国饮食文化的巅峰时期。唐朝时期国家统一、强盛,唐朝统治者推行开明、兼容的文化政策,国内各民族交往密切,在文化上互相交流、融合,交通发达,陆路和海上丝绸之路畅通,中外经济交往密切,经济空前繁荣。同外国的频繁交往,在传统文化上吸收外来的优秀成分,使得唐朝的饮食文化更进一步发展。这时期开始有了"座椅而餐"。商业餐饮已具相当规模,酒楼、茶馆兴盛,各种宴席层出不穷。最具代表的是烧尾宴。烧尾宴是唐代长安曾经盛行的一种特殊宴会。是指士人新官上任或官员升迁,招待前来恭贺的亲朋同僚的宴会。烧尾宴的奢华程度不亚于满汉全席。

进入宋代后,随着我国炼铁技术的发展,铁锅开始普及,宋代人们的饮食进入了炒菜时代,人们的生活水平也有明显的提高。另外,南宋时期最著名的宴会就是名将张俊在家中招待宋高宗的宴会,其奢华程度可谓登峰造极。

明清时期及民国初期,被人们视为中国餐饮发展的又一高峰,是唐宋食俗的延续。经过千年的积累、提炼,中国餐饮文化得到了升华,形成了有原则、有规律、有程序的标准工艺,尤其以宫廷菜为代表,其宴席规模宏大,菜品丰富多样,极尽奢华讲究且有创意……而且此时菜品的组合、席面的铺排、接待的礼仪及乐舞的配合都有了新的特色,大家耳熟能详的莫过于满汉全席。晚清时期五口通商,西餐开始传入我国。

经过数千年的发展,中国饮食文化形成了丰富的内涵,饮食活动过程中饮食品质、审美体验、情感活动、社会功能等所包含的独特文化意蕴,也反映了饮食文化与中华优秀传统文化的密切联系。

(三)中国餐饮业发展的新时期

改革开放以来,国民经济持续发展,人们生活水平不断提升,中国餐饮市场的规模和档次也不断提升。中国烹饪协会资料显示,历经40多年的发展,全国餐饮业营业网点从1978年不足12万个,到2017年已达465.4万个。目前中国餐饮业网点中,个体、私营和三资企业为代表的非国有比例已占到95%以上,成为行业主体;餐饮从业人数从1978年的104.4万人,上升到2017年的3000万人,成为世界第二大餐饮市场;中国餐饮市场规模从1978年的54.8亿元人民币上升至2017年的39644亿元,增加了700多倍。受疫情影响,近几年餐饮收入出现了一些波动。

相关资料显示,2018—2022年上半年餐饮收入情况如表2-1-1所示。

表2-1-1 2018—2022年上半年餐饮收入及同比增长率

年份	餐饮收入/亿元	同比增长率/(%)
2018	42716	9.5
2019	46721	9.4
2020	39527	-16.6
2021	46895	18.6
2022上半年	20040	-7.7

改革开放以来,中国餐饮业主要经历了以下四个发展阶段。

1. 改革开放起步阶段

20世纪70年代末至80年代中后期,我国餐饮业在政策上率先开放,政策的开放引导和各种经济成分的共同投入,使餐饮行业的发展取得新的突破和发展。特别是社会上出现的一批中小型个体餐饮经营网点,以价格优势、灵活的服务方式赢得了市场的认可。

2. 数量扩张阶段

20世纪80年代末至90年代中期,社会需求逐步增多,社会上投资餐饮业的资本大幅增加,餐饮经营网点和从业人员快速增长,国际品牌也纷纷进入,外资和合资企业涌现,行业蓬勃发展。同时,餐饮业发展积极调整经营方向,面向家庭大众消费,满足市场需求,使餐饮业焕发新的生机。

3. 规模连锁发展阶段

20世纪90年代中期至21世纪初期,我国餐饮企业实施连锁经营的步伐明显加快,在全国范围内,很多品牌企业跨地区经营,并抢占了当地餐饮业的制高点,市场业态更加丰富,菜品创新和融合的趋势增强,各地代表性连锁餐饮企业不断涌现,规模化、连锁化成为这一阶段的显著特点。

4. 品牌提升战略阶段

进入21世纪,我国餐饮业发展更加成熟,增长势头不减,整体水平提升,一批知名的餐饮企业在发展的同时,十分注重内涵文化建设,培育提升企业品牌,积极推进产业化、国际化和现代化进程,综合水平不断提高,并开始输出品牌与经营管理,品牌创新和连锁经营力度增强,行业发展步伐加快。

2019年底新冠疫情席卷全世界,全球经济遭受重创,餐饮业在社会整体消费趋势下行的影响下受到强烈冲击,许多餐饮企业开始转变经营模式开展自救。2023年1月8日起,我国对新冠病毒感染正式实施"乙类乙管",相关政策均有所调整,政府也相继出台支持政策,餐饮业逐步得到恢复,迎来了新一轮增长高峰,但仍面临着巨大的挑战。

(四)中国餐饮业未来发展趋势

中国餐饮业伴随经济发展,不仅成为人民生活水平和消费能力提升的见证,也逐步成为扩内需、促消费、稳增长、惠民生的支柱产业。随着大众消费的不断升级,饮食已不再仅仅是为了满足人们的口腹之欲,而成为一种集体验化、智慧化、健康化和时尚化于一体的新的生活方式。

1. 餐饮业消费升级,行业规模持续扩大

未来我国餐饮业将在以人为本、服务民生的基本原则上,从自主创新、信息化经营管理、节能低碳、绿色发展、品牌战略等层面推动发展转型,优化发展结构,创新发展模式,提升服务质量,释放发展新动能。未来餐饮业将逐步复苏并呈快速发展的趋势,前瞻产业研究院预计,到2026年餐饮收入将达到81650亿元左右。

2. 餐饮业态多元化,经营特色化

随着外来资本和外来品牌的进入,餐饮业竞争不断加剧,面对人们日益增长的需求,未来我国餐饮业业态逐渐由单一走向多元化。同时为了更好地满足广大消费者的消费需求,餐饮业的业态细分更加精准,有正餐、团餐、快餐等,有西餐、日料、东南亚饮食等各国餐饮,有烤鱼、小龙虾、茶饮、地方小吃、非遗美食,以及各地老字号美食产品等,为广大人民群众提供了丰富多样的市场选择。除业态多元发展外,经营特色的优势也将在餐饮业的发展过程中起到很大的作用,有体现品位特色的、有体现时尚特色的、有体现文化特色的、有体现浪漫、小资特色的。因此,对餐饮企业而言,打造个性化品牌,凸显品牌特色显得非常重要。

3. 未来餐饮业逐渐向着多重方向发展

目前我国正处于数据化、网络化时代,餐饮业也应当用互联、共享的思维模式来考虑企业的发展问题。因此,数据的收集、整理、共享变得尤为重要,在未来,建立互利共享的线上线下一站式服务,促进线上线下融合发展将会是餐饮业主要的发展方向。同时新技术、互联网的应用也会成为引流新消费、发展新零售的有效方式,未来餐饮业将会向着互联网化、零售化、数字化、轻资产化方向发展(表2-1-2)。此外餐饮相关行业的发展也会为餐饮业带来更多便利,未来餐厅会将更多非核心功能外包,让自己变得更小、更专、更轻、更快。

表2-1-2　餐饮业未来发展方向

概念	具体方向
互联网化	应用"互联网＋新技术",建立互利共享的线上线下一站式服务,促进线上线下融合发展,并不断尝试实现企业与移动端的有效连接,引流新消费群体
零售化	越来越多餐饮品牌,越来越像以餐饮品牌为IP的零售门店;越来越多的餐饮门店里销售的不仅仅是餐饮,而是一个拥有特定流量的终端销售场景,餐饮零售化将是一股不可忽视的力量
数字化	餐厅通过信息技术优化管理效率,留存数据,越来越多的连锁企业开始利用专用工具,打造自己的数字化平台,掌握销售、订货、库存、流转、人员等动态信息
轻资产化	餐厅寻求与第三方更专业的公司合作,自有工种越来越少,简单化,只保留核心能力,外包更多非核心功能,让自己变得更小、更专、更轻、更快

(资料来源:整理自前瞻产业研究院。)

思政园地

经过数千年的发展,中国饮食文化形成了丰富的内涵,大致可以概括成四个字,即"精""美""情""礼",反映了饮食活动过程中饮食品质、审美体验、情感活动、社会功能等所包含的独特文化意蕴,也反映了饮食文化与中华优秀传统文化的密切联系。"精"与"美"侧重饮食的形象和品质,而"情"与"礼"则侧重饮食的习俗和社会功能。但是,它们不是孤立存在的,而是相互依存、互为因果的。唯其"精"才能有完整的"美",唯其"美"才能激发"情",唯有"情"才能有合乎时代风尚的"礼"。四者环环相生、完美统一,形成中华饮食文化的最高境界。

我们只有准确把握"精""美""情""礼",才能深刻地理解中华饮食文化,才能更好地继承和弘扬中华饮食文化。

知识拓展

满汉全席

满汉全席是我国一种集合满族和汉族饮食特色的巨型筵席,起源于清朝的宫廷。满汉全席原为康熙66岁大寿的宴席,旨在化解满汉不和,后世沿袭此一传统,加入珍馐,极为奢华。除满汉全席外,清代名宴还包括蒙古亲藩宴、廷臣宴、万寿宴、千叟宴、九白宴等。满汉全席上菜108种(南菜54道和北菜54道),分三天吃完。满汉全席菜式非常丰富,有咸有甜,有荤有素,用料精细,突出满族菜点特殊风味,烧烤、火锅、涮锅是不可缺少的菜点,同时又展示了汉族烹调的特色,扒、炸、炒、熘、烧等兼备,实乃中华菜系文化的瑰宝和最高境界。

任务考核

一、填空题

1. 中餐四大菜系是指_____、_____、_____、_____,四大菜系与_____、_____、_____、_____融合构成了八大菜系。
2. 中餐的特点有_____、_____、_____、_____、_____。
3. 我国_____代开始出现了音乐助餐。

二、多项选择题

1. 我国最早的名菜是周朝的( )。
   A. 一品官燕　　　B. 凤尾鱼翅　　　C. 八珍　　　D. 燕鱼干
2. 哪个时期出现了"座椅而餐"?( )
   A. 春秋战国　　　B. 汉朝　　　C. 唐朝　　　D. 宋朝

三、实践题

以小组为单位,探访南宁市有特色的中餐厅,了解该餐厅的特色,包括装修风格、菜品特色、服务特色等,并制作成PPT,下次课时与班级同学分享。

任务二　中餐厅物品认知

知识准备

餐具既是客人用餐的基本工具,也是服务人员服务的工具,"工欲善其事,必先利其器",服务人员必须认识和了解餐具及其使用方法,才能更好地为客人服务。

一、中国餐具的演变发展历史

餐具是我们日常生活中不可缺少的饮食用具。时代不同,民族不同,餐具也不一样。中餐餐具经历了漫长的发展历史,才成为现今我们常用的餐具。

上古时期,人们以畜牧业与狩猎为主,肉类食品成为主食,为满足食肉的需要,先民发明了"鼎"(图2-2-1)来煮肉,还发明了最早的餐具——刀和俎。后来还制作出一种专用餐具——匕。在很长一段时间内,人们常以"刀匕并举""刀俎并举"作为餐具的代名词。到了原始社会,人们为了进食的需要,发明了许多烹饪和饮食的器物,逐渐改变了用手抓食的习惯。

春秋战国时期,刀、匕、俎等餐具还在流行。由于农业经济的发展,粮食逐渐成为主食,食肉者越来越少。所以,这一套餐具慢慢成为富裕人家的食具,普通百姓只吃五谷，难尝肉食，自然不再使用刀、俎。唯独匕，一来可以插割肉食，二来能够舀食米饭和喝汤，因此继续保留在千家万户之中，成为进食的主要餐具。

图 2-2-1　鼎

随着农业发展，为了食用谷物，人们开始制作相应的餐具，这便是古书上常说的"和"。人们发明冶炼金属之后，使用青铜铸造的"和"便多了起来。

古人在食用谷物之际，还要吃菜喝汤，这样，用竹木编制的"和"就无法胜任了，为此，餐具中的盘便应运而生。值得注意的是，古代很早就有碗，但碗一般只用来喝水或喝酒，不用来吃饭或喝汤。古代的盘子可大可小，可深可浅，用来吃菜喝汤再好不过。所以，盘子自问世之后，一直是我国人民主要的饮食用具，从未受到冷落。战国以后，"和"逐渐退出了饮食领域，这两种餐具的饮食功能便被盘子全部代替了。

先秦时期，我国人民就发明了筷子，当时也称为箸。汉代以后，筷子开始风靡于世，成为我国居民最常使用的进食器物，同时成为中华餐具的杰出代表，表现出华夏饮食的特色与优势。

魏晋之后，瓷器崭露头角，逐渐占据餐具界的首领地位。到唐朝时，几乎家家都将瓷器作为餐具使用。

从宋朝到明朝，碗兴起。宋代以后，人们多使用碗来吃饭、吃菜和喝汤，至于喝水、喝酒、喝药，也照样离不开碗。明朝时，宴席上菜全部用碗，根据宴会规格，有所谓八大碗、六大碗、四大碗之分。至于盘子，仍为餐具之主，有大盘、中盘、小盘的区别。小于盘子的器皿称作碟。清朝初期，盘碟之类的餐具主要用来盛菜，而碗则偏重盛饭和盛汤，这种配置，直到现代仍然不变。

二、常见的中餐餐具

现代餐具中，无论是盘子、刀、叉、匕还是筷子，其实都是手的延伸。例如，盘子是整个手掌的扩大和延伸，而筷子则是手指的延伸。由于社会的进步，许多象形餐具逐步合并和简化，合并和简化后的中餐餐具主要有筷子、汤匙、碗、碟等，但如今西方人在进餐时仍然会摆满桌的餐具，如大盘子、小盘子、浅碟、深碟、吃沙拉用的叉子、叉肉用的叉子、喝汤用的汤匙、吃甜点用的汤匙等。在饮食文化上，西餐起步相对较晚，进展也较中餐迟缓。

1. 筷子、筷架

筷子(图2-2-2)是中餐餐具中最有特色的一种餐具,筷子最主要的用途就是夹菜。筷架(图2-2-3)是用来架起筷子,防止筷子直接接触桌子的物件。

图2-2-2　筷子

图2-2-3　筷架

2. 勺子

勺子(图2-2-4)又称席面更,是主要的中餐餐具之一,其作用是舀取菜肴和食物,可用来喝粥,或者是喝一些汤类,还能用来舀取难用筷子夹起来的食物。

图2-2-4　勺子

3. 碗

碗(图2-2-5)是一种盛饮食的器具,用来盛饭或盛汤。

图2-2-5　碗

4. 盘、碟

盘子基本上都是用来盛放菜品或者是点心的。稍小点的盘子称为碟子,主要用于盛放食物,使用方式和碗大致相同。骨碟和味碟如图2-2-6、图2-2-7所示。

图 2-2-6　骨碟　　　　　　　图 2-2-7　味碟

5. 汤盅

汤盅是用来盛放汤类食物的。汤盅和大汤勺如图2-2-8所示。

图 2-2-8　汤盅和大汤勺

6. 杯子

小白瓷杯和小玻璃杯主要用于盛放中国白酒、黄酒、清水、果汁、汽水等软饮料。各类杯子如图2-2-9所示。

图 2-2-9　各类杯子

7. 茶壶、茶杯

茶壶(图2-2-10)和茶杯(图2-2-11)是专门泡制和盛放中国国饮——茶的器皿。

图 2-2-10　茶壶　　　　　　　图 2-2-11　茶杯

8. 香巾碟

香巾碟(图2-2-12)是用来摆放香巾的碟,一般比较长。

图2-2-12 香巾碟

9. 分菜叉、勺

中餐分菜工具主要有分菜叉、勺,如图2-2-13所示。

图2-2-13 分菜叉、勺

10. 中餐桌、椅(图2-2-14、图2-2-15)

中餐一般使用圆形餐桌。对中国人而言,餐桌不只是吃饭的地方,更多的是用于团聚、交流。中国有"天心月圆"的说法,圆代表完美、和谐和团结,圆形餐桌从寓意上来说,象征着团团圆圆、和谐美好,代表十全十美。中式圆桌和椅子如图2-2-14和图2-2-15所示。

图2-2-14 中式圆桌

图2-2-15 椅子

中餐餐具是中国餐饮文化的一个重要组成部分,体现了中餐的特点,也是展现中餐特色服务的重要工具,除了以上提到的常见餐具外,还有餐巾、托盘、红酒杯、白葡萄酒杯、香槟杯等其他从西餐引入的餐食用具,这里不一一赘述。

课堂实训

一、实训准备

(一)所需物品

骨碟、味碟、汤碗、汤勺、小白瓷酒杯、小玻璃酒杯、红酒杯、水杯、茶杯、茶壶、筷子(包括长筷子)、筷架、长柄勺、香巾碟、分菜叉、分菜勺、饭碗、汤盅和各类中式餐具,以及工作台等。

(二)实训内容

认识餐具,分组比赛,在规定时间内认识餐具,看哪个小组认识的餐具最多,所用时间最短。练习结束后,由本小组成员、其他小组成员和教师开展综合评价,并填入评分表。其中:本组打分占比30%;他组打分为其他小组打分的平均分,占比30%;教师打分占比40%。

二、任务评价

中餐餐具认知评分表如表2-2-1所示。

表2-2-1 中餐餐具认知评分表

评价项目	评价内容	分值	本组打分	他组打分	教师打分
服务礼仪	仪容仪表	5			
比赛过程	团队合作	10			
	认餐具	20			
	说作用	20			
	综合表现	15			
结束工作	工作台整理干净	10			
	物品归位	10			
基本素养	主动性	10			
合计		100			

三、填充任务单

餐具认知知识任务单如表2-2-2所示。

表 2-2-2　餐具认知知识任务单

项目	内容
中国餐具的演变发展历史	1.上古时期,人们以畜牧业与狩猎为主,肉类食品成为主食,为适应食肉的需要,先民们发明了"_____"来煮肉,又发明了最早的餐具_____。 2.先秦时期,我国人民就发明了筷子,当时也称为_____。汉代以后,_____开始风靡于世,成为我国居民最常使用的进食器物,同时成为中华餐具的杰出代表,表现出华夏饮食的特色与优势。 3.魏晋之后,_____崭露头角,逐渐占据餐具界的首领地位。到唐朝时,几乎家家都用将_____作为餐具使用。 4.从宋朝到明朝,_____兴起。宋代以后,人们多使用它来吃饭、吃菜和喝汤。
餐具认知	（图） 1._____;2._____;3._____;4._____;5._____; 6._____;7._____;8._____;9._____;10._____

任务三　中餐服务流程

知识准备

中餐服务包括零点服务、团队包餐服务和宴会服务。

饭店或餐厅通常将到中餐厅用餐的散客服务称为中餐零点服务。中餐零点服务是餐厅接待中最经常、最主要的接待服务方式,它对服务人员的要求较高。

操作规范

一、中餐零点服务流程

中餐零点服务主要包括零点早餐服务和零点午餐、晚餐服务。零点早餐服务又以早茶服务为主。

中餐零点服务的特点是客人多且杂,人数不确定,每位客人的用餐需求不一样,用餐时间也不确定,致使餐厅接待量不均衡,服务工作量较大,营业时间较长。所以餐厅服务员服务时,在突出热情、周到、细致、体贴的同时,还要做到迅速、快捷而不混乱。

（一）早茶服务

目前中餐零点早餐服务一般以中式早茶服务为主,其服务流程如图2-3-1所示。

图2-3-1　早茶服务流程

（二）零点午餐、晚餐服务

中餐零点服务里午餐、晚餐比早餐隆重且正式,因此,午餐、晚餐接待服务相比早餐服务要复杂,对服务员的接待服务能力要求也更高。零点午餐、晚餐服务流程如图2-3-2所示。

图2-3-2　零点午餐、晚餐服务流程

二、中餐团体包餐服务流程

团体包餐服务就是客人事先预订,人数较多、标准统一、菜式统一,进餐时间统一的一种就餐形式。比如会议团、旅游团等。

团体包餐服务一般流程包括餐前准备工作、迎宾工作、餐间服务、结账服务、清理服务。

三、中餐宴会服务流程

中餐宴会服务是中餐接待中标准较高、要求较为严格的一种服务方式,其最高表现形式是国宴。中餐宴会服务流程如图2-3-3所示。

图2-3-3　中餐宴会服务流程

任务考核

一、填空题

1. 中餐服务包括_____、_____、_____。

2. _____是餐厅接待中最经常、最主要的接待服务方式,它对服务人员的要求较高。

3. _____是餐饮企业的员工为就餐客人提供餐饮产品的一系列活动。

二、多项选择题

1. 中餐零点服务的特点是(   )。
   A. 客人多、杂   B. 人数不确定
   C. 客人需求不同   D. 时间不确定

2. 中餐宴会服务流程有(   )。
   A. 预定工作   B. 组织准备工作
   C. 迎宾工作   D. 就餐服务
   E. 送客服务

三、简答题

简述中餐零点午、晚餐服务流程。

项目三
餐前准备

项目导读

充分的餐前准备工作是良好的餐厅服务、高效流畅的餐厅营运工作的重要保证,餐前准备工作不仅能够为服务员后续的服务工作奠定良好的基础,而且也能很好地分担服务员在餐中服务过程中的压力。

项目目标

1. 了解餐厅预订相关知识及流程;
2. 掌握中餐零点、宴会的餐前准备要求;
3. 掌握托盘、铺台布、餐巾折花、摆台技能。

任务一 餐厅预订服务

知识准备

一、餐厅预订概念

餐厅预订是根据客人的用餐要求,按照一定的服务流程,为其提前安排合适的用餐环境或菜点的餐饮业务活动。餐饮预订工作是一项专业性很强的餐饮运营工作,是餐饮销售的重要环节。餐饮预订对提升服务质量和建立客史档案具有重要作用。

二、餐厅预订方式

餐厅预订的方式有很多种，其中较为常见的有电话预订、面谈预订和网络预订。电话预订主要用于零点餐桌预订或小型宴会预订。面谈预订又称为当面预订、直接预订，规格比较高的或比较重要的宴会的预订，一般选择面谈预订，能够将用餐过程中的细节问题进行现场确认，最大限度地降低问题出现的概率。网络预订是现今使用较多的预订方式，由于其独有的便捷性和直观性，更能够轻而易举地被现代人认同和接受，有着巨大的发展空间。

三、餐厅预订员专业素质要求

餐厅预订员是在餐厅或酒店完成餐饮预订工作的服务员。餐厅预订是一项综合性很强的工作，需要具备较强的专业素养和沟通协调能力，一般来说餐厅预订员的专业素质要求如下。

(1) 熟悉餐厅的面积、布局，每个餐桌大小和能够容纳的人数。
(2) 掌握各类菜品的价格及特色，以及各类食物、饮料的成本。
(3) 及时礼貌地接听客人的预订电话，了解客人的需求并提供相应的建议和解答。
(4) 协调餐厅餐位安排，持续跟进客人的预订情况，及时调整。
(5) 参与餐厅的市场营销活动，并为客人提供相应的优惠政策。
(6) 能够处理客人的投诉和问题。
(7) 熟悉每日预订情况及半年内大型活动预订情况。
(8) 需要建立客史档案，定期查阅客人有关资料。

四、餐厅预订登记内容

客人预订时，要询问客人相关预订要求，以便完成后期工作，形成客史档案，询问内容如下。

(1) 用餐日期和时间。
(2) 用餐人数和标准。
(3) 用餐餐位区域要求。
(4) 订餐客人的姓名、单位及联系电话。
(5) 其他特殊要求。

操作规范

预订的操作步骤如表3-1-1所示。

表3-1-1 预订的操作步骤

操作步骤	详细做法
礼貌问候客人	1.微笑问候,语言亲切,发音标准,使客人有宾至如归的感觉。铃响三声之内接听;礼貌问候客人,告知××餐厅或酒店;表示服务意愿。 2.如果知道客人姓氏则用姓氏称呼。 3.如果知道客人职务则用职务称呼。 4.问候所有客人,需一视同仁、热情礼貌
了解需求	1.礼貌地问清客人要求,仔细聆听客人所讲的内容,了解客人的身份、用餐日期及时间、人数、台数及其他要求。 2.查询预订信息,根据预订情况尽量满足客人提出的要求。征得客人同意后,为其安排相应的包房或餐台,并告知客人房号或台号。 3.与客人进行愉快的沟通,使客人对餐厅建立好感和信任感
重述客人预订	1.用礼貌热情的语气征询客人,客人无其他意见后,重述客人预订姓名、电话、用餐人数、用餐时间及特殊要求等信息,并获得客人确认,向客人表示感谢。 2.重述客人预订信息时,要保证信息重述准确性
向客人告别	1.当面预订时,需要按对客服务要求向客人告别。 2.电话预订时,要等客人挂断电话后,方可放下电话。 3.网络预订时,要准确无误地将预订信息回复给客人
准确记录并通知相关人员	1.准确记录客人的要求,并做好工作交接。 2.如是团队或宴会用餐则通知餐厅管理人员按预订人数、场地要求等进行摆台。 3.根据客人提供的信息确定是否为VIP客人。 4.将客人的特殊要求告知餐厅及厨房负责人。 5.做到逐级通知,保持良好的团队协作意识。 6.建立预订档案

思政园地

客人选择某一酒店,多是从"综合素质"方面去考虑,是对环境、氛围、服务等各方面的综合考评。酒店应努力使客人有"物超所值"的感觉,让他们不仅消费到服务,还能消费到尊崇、关爱、荣耀等"附加值"。

知识拓展

餐厅网络预订流程

(1)找到您想预订的餐厅的官方网站或第三方网站。
(2)仔细阅读餐厅的预订政策,以确保您的要求符合餐厅的预订政策。
(3)在网站上选择时间、座位数量和餐位要求等信息。
(4)输入您的联系信息和付款信息。
(5)确认预订细节并完成预订。
(6)保存预订确认信息,以备不时之需。

课堂实训

一、实训准备

(一)所需物品

电话、预订登记本、笔。

(二)实训内容

练习电话预订,练习结束后,由本小组成员、其他小组成员和教师开展综合评价,并填入评分表。其中:本组打分占比30%;他组打分为其他小组打分的平均分,占比30%;教师打分占比40%。

二、任务评价

电话预订评分表如表3-1-2所示。

表3-1-2 电话预订评分表

评价项目	评分细则	分值	本组打分	他组打分	教师打分
物品准备	物品准备正确、充分	10			
操作过程	铃响三声之内接听;礼貌问候客人,并告知××餐厅或酒店;表示服务意愿	10			
	礼貌询问客人(代理人)的姓氏,用语规范,并复述确认	10			
	礼貌询问客人要求,询问内容准确全面	15			
	查看预订情况,确定能否接受预订,注意适时推荐	15			
	用礼貌热情的语气征询客人,客人无其他意见后,重述客人预订姓名、电话、用餐人数、用餐时间及特殊要求等信息,并获得客人确认,向客人表示感谢,告知客人预订保留时限	15			
	与客人礼貌告别,表示对其光临的期待,等客人挂断电话后,放下电话	10			
	填写或补全预订单,将预订信息输入电脑;将预订单整理归档	5			
结束工作	工作台整理干净	5			
	物品归位	5			
	合计	100			

三、填充任务单

预订步骤任务单如表3-1-3所示。

表3-1-3 预订步骤任务单

任务内容	步骤
礼貌问候客人	1.微笑问候,语言亲切,发音标准,使客人有宾至如归的感觉。铃响_____声之内接听;礼貌问候客人,并告知××餐厅或酒店;表示服务意愿。 2.如果知道客人姓氏则用_____称呼。 3.如果知道客人职务则用_____称呼。 4.问候所有客人需一视同仁,热情礼貌
了解需求	1.礼貌地问清客人要求,仔细聆听客人所讲的内容,了解客人的身份、用餐日期及时间、_____、台数及其他要求。 2.查询预订信息,根据_____情况尽量满足客人提出的要求。征得客人同意后,为其安排相应的包房或餐台,并告知客人_____或_____。 3.与客人进行愉快的沟通,使客人对餐厅建立好感和信任感
重述客人预订	1.用礼貌热情的语气征询客人,客人无其他意见后,_____客人预订姓名、电话、用餐人数、用餐时间及特殊要求等信息,并获得客人确认,向客人表示感谢。 2.重述客人预订信息时,要保证信息重述_____
向客人告别	1._____预订时,需要按对客服务要求向客人告别。 2.电话预订时,要等客人_____后,方可放下电话。 3.网络预订时,要准确无误地将预订信息回复给客人
准确记录并通知相关人员	1.准确记录_____的要求,并做好工作交接。 2.如是团队或宴会用餐则通知餐厅管理人员按预订人数、场地要求等进行摆台。 3.根据客人提供的信息确定是否为VIP客人。 4.将客人的特殊要求告知餐厅及厨房负责人。 5.做到逐级通知,保持良好的团队协作意识。 6.建立预订_____

任务二 个人、物品及环境准备

知识准备

不论是社会餐饮店还是酒店,每天在接待客人前都需要做好充分的准备工作,才能保证服务速度和服务质量。餐厅管理人员也需要做好检查工作,以保证准备工作的充分、完善。

餐前准备工作包含众多细节工作,而这些细节工作在繁忙的餐前准备过程中很容易被忽视,不论是餐饮服务人员的精神面貌、餐厅的环境卫生、台面整理情况、备用餐具情况,还是餐厅的灯光、温度等,每个餐前准备工作的细节,都会影响餐厅服务的质量水平,并且会对餐厅高效顺畅的营运产生直接的影响。所以,餐饮服务人员在做餐前准备工作时,不仅要严格按照相关的流程来执行工作标准,还应该主动思考,发挥主人翁意识,完善准备工作中的细节,以确保餐厅服务质量。

本任务主要从个人准备、物品准备、环境准备三个角度来介绍开餐前的准备工作。

一、个人准备

餐厅服务员的工作非常繁杂,在客人到来前就有许多准备工作要做:接受任务分配,了解服务区域预订情况,检查服务工作台和服务区域;熟悉菜单及当日的沽清、急推、特色菜品等菜品信息,了解当日的个人销售定额及菜肴品类的销售量;了解重点客人和特别注意事项;提前摆好餐台,准备好服务区所需物品;做好餐厅卫生,提前开启灯光、空调、音乐等,确保客人在到来时有一个干净舒适的环境等。充分的餐前准备工作,能够给客人带来良好的用餐体验,提升客人满意度,因此每一个细节都不容忽视。

除此以外,餐厅服务员自身的仪容仪表、言谈举止也十分重要。餐厅服务员的仪容仪表、言行举止,不仅体现着服务人员的个人修养和精神面貌,也代表餐饮企业的形象和管理水平,具有重要的意义。

餐厅服务员仪容仪表要求如表3-2-1所示。

表3-2-1　餐厅服务员仪容仪表要求

项目	要求
整体	整齐清洁、自然,大方得体,神采奕奕,充满活力
面部	精神饱满,面带微笑;男士不留胡须及长鬓角,女士化淡妆
头发	男士头发后不盖领、侧不盖耳,干净、整齐,发色自然,发型美观大方;女士头发后不过肩,前不盖眼,干净、整齐,发色自然,发型美观大方
饰品	不佩戴夸张的耳饰、项链、手链等
手	不留长指甲,指甲长度以不超过手指尖为标准,不涂有色指甲油,经常保持清洁,手上不佩戴饰品
服装	合身、烫平、清洁、无油污,员工胸牌佩戴于左胸,长衣袖、裤管不能卷起,夏装衬衣下摆须扎进裙内,佩戴的项链等饰物不得露出制服外
鞋	男士穿黑色平底皮鞋,女士穿黑色高跟鞋(高度以3~5厘米为宜),鞋上无饰品,鞋面擦拭干净、光亮,保持清洁,无破损,不允许穿休闲鞋、拖鞋等,不得趿拉着鞋走路
袜子	男士穿深色袜子;女士穿浅色长袜,要求无勾丝、无破损,只可穿无花净色的袜子
身体	勤洗澡,无体味,不得使用气味浓烈的香水
站、走、蹲、坐姿	服务中的站、走、蹲、坐姿都应自然、大方、优雅
谈吐	文明礼貌、自然大方

二、物品准备

餐前物品准备主要包括以下方面。

(一)摆台物品

摆台物品用于餐前的台面布置,不同餐饮企业要求略有不同,主要摆台物品有台布、口布、椅套、骨碟、味碟、汤碗、汤勺、筷架、长柄勺、牙签、筷子、水杯、红酒杯、白酒杯、花瓶(中心装饰物)、菜单、台卡、香巾碟等。

(二)备用物品

餐厅服务员要提前准备客人可能用到的物品,多数物品都要提前放置在备餐台上或备餐台内。例如:备餐柜上要准备茶壶、热水瓶;茶壶内要放适量的茶叶和水并将茶叶泡开;保证热水瓶内有开水;暖壶外表干净无水珠;酱油、醋瓶装满且无异味。托盘按标准数量配备干净,无水渍、油渍。备餐柜内需要备用骨碟、翅碗、瓷勺、筷子、茶杯、茶碟、玻璃杯、醒酒器、分酒器、口布、消毒巾、毛巾夹、抹布、分菜叉勺、开瓶器、打火机、笔、点菜单、酒单、茶水单等。除上列物品外,还要准备好宝宝座椅、宝宝餐具,以及垃圾桶、垃圾袋、打包袋、打包盒等。

在物品准备的时候应该注意卫生,分类摆放,客人进口的物品和手拿的物品要分开存放,有水的物品和没水的物品要分开摆放。

三、环境准备

(一)卫生准备

餐厅的各个角落,不论是餐厅天花板、地面还是人行通道,都要清扫干净,不留任何卫生死角,为客人营造一个干净舒适的进餐环境。餐桌椅要整齐摆放,确保干净卫生,所有物品均整齐摆放。

(二)整体环境

开启餐厅内灯光,检查餐厅内灯具及各类电器等的运行是否正常,如有问题要及时处理。提前开启空调,使环境更舒适;通常餐厅温度冬季应保持在16~22℃,夏季应保持在24~28℃;餐厅湿度冬季应保持在50%~55%,夏季应保持在45%~50%。餐厅播放背景音乐时,音量适宜,音质良好。餐厅内的绿色植物应注意维护与摆放,确保绿色植物的健康与美观。

餐台服务员在完成一系列准备工作后,餐厅管理者要对准备工作进行全面检查,以确保准备工作充分、完备,以便为客人提供优质、满意的服务。

客人选择某一酒店,是对环境、氛围、服务等各方面进行了综合考评。酒店应努力使客人不仅得到服务,还能得到尊重和关爱。

思政园地

"好的开头是成功的一半",充分的餐前准备工作是良好的餐厅服务、高效流畅的餐厅营运工作的重要保证,认真做好餐前准备是服务员的基本工作,也是爱岗敬业的表现。

爱岗敬业需要服务人员热爱自己的本职工作,安心于本职岗位,稳定、持久地努力耕耘,恪尽职守地做好本职工作。

知识拓展

零点餐厅餐前和宴会厅餐前准备的区别

零点餐厅餐前和宴会厅餐前准备工作大同小异,但因宴会厅和零点餐厅的性质而稍有不同。例如:不同宴会厅餐饮有不同的主题,客人对环境的要求各有不同;宴会厅餐饮一般参加人数较多,服务人员在同一时间提供大量的餐饮服务,宴会厅餐饮需要提前预订,且已提前确定菜单。因此,零点餐厅餐前和宴会厅餐前准备会稍有不同,主要体现在以下两个方面。

1. 物品准备

零点摆台较宴会摆台简单,因此,需要准备的摆台物品相对较少。此外,菜单已提前确定,因此宴会厅餐前准备不需要准备点菜单,但需要摆放已提前预订的宴会菜单。

2. 环境准备

零点餐厅的环境基本保持不变,而宴会厅会根据不同人数、不同类型宴会、不同客人的要求提前对环境进行布置。

任务考核

一、填空题

1. 餐厅男服务员头发要求_____、_____,干净、整齐,发色_____,发型美观大方。
2. 餐厅服务员胸牌应佩戴于_____胸。
3. 餐饮服务人员的_____、言行举止,不仅体现着服务人员的个人修养和精神面貌,也代表餐饮企业的形象和_____。
4. 餐台服务员在完成一系列准备工作后,餐厅管理者要对准备情况进行_____。

二、判断题

1. 餐厅男服务员一般穿浅色袜子。(　　)
2. 餐厅服务员不能化妆。(　　)

3. 餐厅服务员不得使用浓烈气味的香水。（ ）

4. 餐厅的各个角落，不论是餐厅天花板、地面、还是人行通道，都要清扫干净，不留任何卫生死角，为客人营造一个干净舒适的环境。（ ）

5. 一般餐厅内温度冬季保持在16～22℃，夏季保持在24～28℃。（ ）

三、简答题

请简述餐厅服务员餐前的准备工作内容。

任务三　托盘服务技能

知识准备

托盘是餐厅运送各种物品的基本工具，是餐饮服务的基础。正确使用托盘，可以提高工作效率、提升服务质量、规范餐厅服务工作。因此，托盘操作是每个餐厅服务人员应该掌握的基本技能之一。

一、托盘的种类

（一）根据托盘材质分类

根据材质不同，托盘可以分为钢化防滑托盘（主要材质为玻璃钢纤维、聚酯树脂、防滑橡胶表面）、木质托盘和金属托盘三大类。现在餐饮服务中多使用钢化防滑托盘，在部分高档宴会中，也会使用银质托盘。钢化防滑托盘、木质托盘、金属托盘分别如图3-3-1、图3-3-2、图3-3-3所示。

图3-3-1　钢化防滑托盘

图3-3-2　木质托盘

图3-3-3　金属托盘

（二）根据托盘形状分类

根据形状不同，托盘可以分为方形托盘和圆形托盘。中号和大号方形托盘主要用于托送菜品等较重的物品；大号圆形托盘主要用于席间服务，托送酒水等重量适中的物品;小型托盘主要来托送重量较轻的物品,如账单、信件等。方形托盘和圆形托盘分别如图3-3-4、图3-3-5所示。

图3-3-4　方形托盘

图3-3-5　圆形托盘

二、托盘服务方式

根据所承载的重量不同,托盘服务方式可以分为轻托和重托。

轻托又称为胸前托,通常用于托送较轻的物品,也常用于对客服务,如上菜、斟酒,所托重量一般在5千克以下。因此,轻托的熟练程度、优雅程度及准确程度就显得十分重要。轻托是评价服务人员水平的标志之一。

重托又称为肩上托,用于托运较重的菜点、酒和盘碟,所托重量一般在5千克以上。目前餐厅中一般都用小型手推车来运送较重的物品。

操作规范

一、轻托

轻托的操作步骤如表3-3-1所示。

表3-3-1　轻托的操作步骤

操作步骤	详细做法	步骤图
理盘	用消毒巾把托盘清理干净,保证托盘没有水渍、油渍及其他污渍	图3-3-6
装盘	根据托送物品的体积、轻重、使用的先后顺序,将所要运送的物品放于托盘之上。原则上是较重、较高的物品放在托盘的内侧,较轻、较低的物品放在外侧;后用、后上的物品放在托盘的内侧,先用、先上的物品放在托盘的外侧。从总体上保持托盘内物品重量分布的平衡	图3-3-7
起托	起托应该左脚在前,右脚在后(根据自己的重心平衡),将左手和左肘置于与托盘同样的平面,如果有必要可屈膝;用右手将托盘拉出台面2/3,然后将左手托住盘底,使托盘的最外下边缘置于左手的手掌根部,托盘的其余部分仍留在原来所在的平面上,在右手的帮助下用力将托盘托起,待左手掌握好重心后,放开右手,确保安全起托	图3-3-8

续表

操作步骤	详细做法	步骤图
托盘站立	端托行走时要做到头正肩平、上身挺直,在站立的基础上,左手托盘,上臂与前臂成90°,前臂与地面平行;五指自然张开,掌心中空能容纳一个指头,五指与手掌外边缘形成六点一面,托住托盘重心,上臂自然下垂,在站立时,右手放至裤腰后	图3-3-9
托盘行走	托盘行走时,手臂应随着步伐而摆动。行走时应该目视前方,不摇晃,切忌动作幅度过大,以免酒水、汤汁外溢,掌握好重心,保持平稳,即盘平、肩平,两眼平视前方,动作优雅,表情轻松	图3-3-10
落盘	落盘时上身前倾,前迈左脚,屈膝下蹲,把托盘底部前沿平放在操作台上,右手将托盘推进	图3-3-11

图3-3-6 理盘

图3-3-7 装盘

图3-3-8 起托

图3-3-9 托盘站立

图3-3-10 托盘行走

图3-3-11 落盘

二、重托

重托的操作步骤如表3-3-2所示。

表3-3-2 重托的操作步骤

操作步骤	详细做法	步骤图
理盘	用消毒巾把托盘清理干净,保证托盘没有水渍、油渍及其他污渍	图3-3-12
装盘	将所要托放的物品均匀地放置于托盘上	图3-3-13
起托	左手臂向上托起托盘,左手掌向后屈手腕,掌心向上,五指分开并托住托盘底部中心,手腕与肩齐平,做到盘底不压肩、盘前不贴嘴、盘后不靠颈	图3-3-14
托盘行走	托盘行走时,手臂应随着步伐而摆动。目视前方,不摇晃,切忌动作幅度过大,以免酒水、汤汁外溢,掌握好重心,保持平稳,即盘平、肩平,两眼平视前方,动作优雅,表情轻松	图3-3-15
落盘	回到工作台,将左手掌向前旋转,前臂恢复到与地面平行的姿势,随后上身前倾,前迈左脚,屈膝下蹲,把托盘底部前沿平放在操作台上,右手将托盘推进	图3-3-16

图3-3-12 理盘

图3-3-13 装盘

图3-3-14 起托

图3-3-15 托盘行走

图3-3-16 落盘

思政园地

田得梅,中国水利水电第四工程局有限公司机电安装分局桥式起重机司机,获评"2022年大国工匠年度人物"。从几吨的零部件到两千吨的转子,田得梅都是零失误操作。"90后"的她带领着天车班13名女同事,完成白鹤滩水电站全球首台百万千瓦水电机组转子吊装任务。

我们要干一行爱一行、爱一行钻一行,对待工作要精益求精,尽职尽责,即便在最平凡的岗位也为社会能贡献自己的一份力量。

知识拓展

工作场所的托盘使用规范

1. 养成托盘服务习惯

使用托盘可以减少搬运餐饮物品的次数,提高工作效率和服务质量。托盘服务是餐厅服务卫生、安全的重要保证,是对客人的重视和礼貌待客的重要表现,因此在实际工作中,要重视托盘的使用,尽可能使用托盘完成餐厅服务工作。

2. 保持始终平托姿势

在实际工作中要注意,无论托盘中有无物品,都不要让托盘倾斜,要始终保持托盘平稳,展现良好的托盘技能和服务水平。

3. 摆放固定工作台面

在餐厅服务过程中,无论是托盘还是其他物品,都要按规定摆放在固定区域,不能形成走哪放哪的习惯,因此在工作中要记得随时将托盘摆放在固定位置(一般为备餐台),以免给客人带来不好的印象,也防止服务用品丢失。

4. 随时保持托盘清洁

托盘在服务过程中易洒上菜汁、水迹,因此工作台上应摆放消毒巾,服务人员养成随手清洁托盘的习惯,保持托盘干净卫生,既便于安全托盘,又让客人留下干净、卫生的印象。

课堂实训

一、实训准备

（一）所需物品

每位学生1个圆形托盘、1块消毒巾、1个750毫升和1个550毫升的装水玻璃瓶;每组一个备餐台。

(二)实训内容

练习轻托,练习结束后,由本小组成员、其他小组成员和教师开展综合评价,并填入评分表。其中:本组打分占比30%;他组打分为其他小组打分的平均分,占比30%;教师打分占比40%。

二、任务评价

轻托评分表如表3-3-3所示。

表3-3-3 轻托评分表

评价项目	评分细则	分值	本组打分	他组打分	教师打分
物品准备	物品准备正确、充分	10			
操作过程	理盘干净	10			
	装盘合理、准确	10			
	起托姿势标准	10			
	托盘站立姿势标准	15			
	两瓶托盘时长达5分钟的记12分,3~5分钟的记6分,3分钟以下的记0分	12			
	托盘行走时动作标准	13			
	落托时动作准确	10			
结束工作	工作台整理干净	5			
	物品归位	5			
	合计	100			

三、填充任务单

(一)轻托

轻托步骤任务单如表3-3-4所示。

表3-3-4 轻托步骤任务单

任务内容	步骤
理盘	用_____把托盘清理干净,保证托盘没有水渍、油渍及其他污渍

续表

任务内容	步骤
装盘	根据托送物品的体积、轻重、使用的先后顺序,将所要运送的物品放于托盘之上。原则上是较重、较高的物品放在托盘的_____侧;较轻、较低的物品放在_____侧。后用、后上的物品放在_____侧;先用、先上的物品放在_____侧。从总体上保持托盘内物品重量分布的_____
起托	起托应该左脚在前,右脚在后(根据自己的重心平衡),将左手和左肘置于与托盘同样的平面,如果有必要可屈膝;用右手将托盘拉出台面2/3,然后将_____手托住盘底,使托盘的最外下边缘置于左手的手掌根部,托盘的其余部分仍留在原来所在的平面上,在_____手的帮助下用力将托盘托起,待_____手掌握好重心后,放开右手,确保_____起托
托盘站立	端托行走时要做到头正肩平、上身挺直,在站立的基础上,_____手托盘,上臂与前臂成_____,前臂与地面平行;五指_____,掌心中空能容纳一个指头,五指与手掌外边缘形成六点一面,托住托盘重心,上臂自然下垂,在站立时,右手放至裤腰后
托盘行走	托盘行走时,手臂应随着步伐而摆动。行走时应该目视_____方,不摇晃,切忌动作幅度过大,以免酒水、汤汁外溢,掌握好_____,保持平稳,即_____平、_____平,两眼平视前方,动作优雅,表情_____
落盘	落盘时上身前倾,前迈左脚,屈膝下蹲,把托盘_____部前沿平放在操作台上,_____手将托盘推进

(二)重托

重托步骤任务单如表3-3-5所示。

表3-3-5 重托步骤任务单

任务内容	步骤
理盘	用消毒巾把_____清理干净,保证托盘没有水渍、油渍及其他污渍
装盘	将所要托放的物品均匀地放置于_____上
起托	左手臂向上托起托盘,左手掌向后屈手腕,掌心向上,五指分开并托住托盘底部中心,左手手腕与肩齐平,做到盘底不压_____、盘前不贴_____、盘后不靠颈
托盘行走	托盘行走时,_____应随着步伐而摆动。目视_____,不摇晃,切忌动作幅度过_____,以免酒水、汤汁外溢,掌握好重心,保持平稳,即盘平、肩平,两眼平视前方,动作优雅,表情轻松
落盘	回到工作台,将_____手掌向前旋转,前臂恢复到与地面平行的姿势,随后上身前倾,前迈左脚,屈膝下蹲,把托盘底部前沿平放在操作台上,_____手将托盘推进

任务四　餐巾折花技能

知识准备

餐巾是一种正方形布巾,餐巾既是客人用餐时使用的卫生用品,也是一种装饰美化餐台的艺术品。

一、餐巾的种类

餐巾又称为口布,大小不等,其边长一般为40~65厘米。

（一）按质地分类

根据质地不同,口布可分为棉质口布和化纤口布。棉质口布吸水性较好,去污力强,浆熨后挺括,造型效果好,但在餐巾造型时,需一次成型,否则会有折痕,影响观赏效果。化纤口布光泽度好,易显档次,二次折叠不易出现折痕,但吸水性差,去污力不如棉质口布,而且在造型时,化纤口布容易打滑,不易成型。

（二）按颜色分类

根据颜色不同,口布可分为白色口布和彩色口布。其中白色口布在酒店中使用较多,主要因为白色能给人干净、素雅之感,彩色口布能够渲染就餐氛围,如红色给人以庄重、热烈之感;橘黄色、鹅黄色给人高贵典雅的感觉;湖蓝色在夏天能给人以凉爽、舒适之感,搭配同色的桌裙使用,能够让台面色彩看起来更加和谐、美观。

二、餐巾的作用

（一）餐巾可以起到卫生保洁的作用

客人用餐时,可将餐巾平铺于腿上,防止菜汁、汤汁、酒水等滴落弄脏衣服,也可用餐巾擦手、擦嘴,起到卫生保洁的作用。

（二）餐巾可以装饰美化餐台

餐巾可以通过各种手法折成各种动物和植物等实物形状,造型各异、颜色多样的餐巾造型插在杯中或摆在盘碟中,既美化了餐台,又增添了就餐的气氛,给人以美的享受。

（三）餐巾能够便于客人落座

餐巾可以折成高度不同的花型，不同高度的花型代表不同的座次。餐桌上的主人位应摆放最高的花型，其次为副主人位，客人位花型高度一致，较主人位和副主人位矮，但有时主宾位会选择不同于其他客人位的折花，以凸显对主宾的欢迎。客人可以根据不同高度的花型选择落座的位置。

（四）餐巾可以烘托宴会氛围

不同类型的宴会使用不同的花型，能够凸显宴会主题，提升用餐规格，表达美好的寓意。例如：在婚宴中使用比翼齐飞、心心相印花型，能够表达对新人美好的祝福；企鹅迎宾花型美观醒目，在商务宴请中使用能够表示友好的寓意。

三、餐巾折花

餐巾折花是服务人员运用一定的手法，将餐巾折出不同的造型，插摆在杯子、盘碟中供人们欣赏。插摆在杯子中的餐巾花称为杯花，而摆放在餐盘中的餐巾花则称为盘花。餐巾折花是餐厅服务中的一项基本技能，是体现餐厅服务、管理水平的评判项目之一。

（一）餐巾花的种类

餐巾花根据造型不同可以分成动物类、植物类和实物类三种。动物类餐巾花是指餐巾折成形似动物的花型，有的塑其整体，有的取其特征，形态逼真，如金鱼、孔雀、企鹅等；植物类餐巾花是指餐巾折成形似各种植物的花型，如单叶荷、仙人掌、茨菰叶等；实物类餐巾花是模仿日常生活中各种实物形态折叠而成，如迎宾花篮、扇面送爽、领结等。

（二）餐巾花的选择

不同造型的餐巾花有着不同的寓意，因此，选择餐巾花型时应该注意以下几个方面。

1. 根据客人的喜忌选择花型

因客人的宗教信仰、风俗习惯、喜忌等各不相同，因此要根据客人的喜好和忌讳情况选择不同的花型。例如：美国人大多喜欢山茶花，忌讳蝙蝠图案；日本人大多喜欢樱花，忌讳荷花；法国人大多喜欢百合，忌讳仙鹤；英国人大多喜欢蔷薇、红玫瑰，而且把孔雀看成祸鸟。

杯花：贝壳鸟

杯花：春芽

杯花：单尾鸟

杯花：老树新芽

杯花：一叶鸟

杯花：月季

盘花：芭蕉树

盘花：
帆船

盘花：
皇冠

盘花：
满天星

盘花：
玫瑰

盘花：
圣诞袜

盘花：
扬帆启航

2. 根据宴会主题选择花型

不同宴会主题应选用不同的花型。例如：婚宴宜选用并蒂莲、玫瑰等造型的折花；寿宴宜选用仙鹤、寿桃等造型的折花；金榜题名宴宜选择卷轴、书页等造型的折花等。合适的花型能够增加宴会氛围。

3. 根据宴会的规模选择花型

大型宴会可选择简洁、统一的花型。如果是1~2桌的小型宴会，可以使用各种不同花型，形成既多样又协调的布局。

4. 根据季节选择花型

根据不同季节的气候变化来选择适合季节的花型。例如：春季选用迎春花，夏季选用荷花，秋季选用枫叶，冬季则可选用梅花等花型。根据季节选择花型既凸显季节特色，又提升客人用餐体验。

■ 思政园地 ■

> 不同宴会选用不同的餐巾花，不同的花型代表着不同的含义，这些都是在漫长的历史变迁中形成的传统。世界上不同的国家对同样的餐巾花有着不同的理解。
>
> 习近平总书记在亚洲文明对话大会开幕式上强调：文明交流互鉴应该是对等的、平等的，应该是多元的、多向的，而不应该是强制的、强迫的，不应该是单一的、单向的。我们应该以海纳百川的宽广胸怀打破文化交往的壁垒，以兼收并蓄的态度汲取其他文明的养分，促进亚洲文明在交流互鉴中共同前进。
>
> 因此，我们要多了解不同国家的文化，尊重文化的多样性。

操作规范

一、准备工作

(1) 将操作台洗净、擦干。
(2) 准备好折花所需的物品，如折花平盘、杯子、餐碟、筷子等，且达到卫生标准。
(3) 洗净双手，检查餐巾有无破损及污渍等。
(4) 根据宴会类型、客人风俗习惯和生活禁忌等选择合适的花型。

二、基本技法

（一）叠

叠即折叠（图3-4-1）。将餐巾或整齐或错位折叠成长方形、正方形、三角形、菱形等。折叠时要看准位置,做到一步到位,避免出现折痕,影响花型美观。

（二）推

推即推折（图3-4-2）。根据花型需要,用双手大拇指和食指捏起一个宽度适宜的褶子,中指压在剩余餐巾上,中指与第一个褶子的距离为大拇指和食指捏住褶子的2倍宽,将第一个褶子向前推进,推出下一个褶子。根据花型需要,按照此方法,依次推出需要的褶子。

 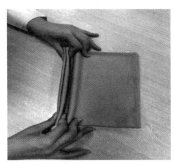

图3-4-1 叠　　　　　　　　　　　图3-4-2 推

需要注意的是,在推折过程中要用中指控制宽度,以保证每个褶子的距离均等,若两侧有剩余部分,则需要将其向上或向下折叠,使餐巾侧面平整。

（三）卷

卷即将餐巾均匀地卷成不同的圆筒状（图3-4-3）。卷的时候需要根据造型,控制卷的松紧度,保证花型挺括。平行卷需要两手用力均匀,同时平行卷动,餐巾两头形状一样,而斜角卷要求两手能按所卷角度的大小,互相配合。

（四）攥

攥的目的是使叠出的餐巾花半成品不易脱落走样（图3-4-4）。一般用左手攥住餐巾的中部或下部,然后再用右手操作其他部位。攥的时候要注意松紧适度、长度适当。在折叠杯花时,攥的部分往往就是插入杯中的部分,因此要注意攥住的部分尽量整齐美观。

图3-4-3 卷　　　　　　　　　　　图3-4-4 攥

（五）翻

翻是指将餐巾的巾角从下端翻折至上端、两侧向中间翻折、前面向后面翻折，或是将夹层里面翻到外面等，以形成花、叶、芯、翅、头颈等形状（图3-4-5）。在翻的过程中要尽量做到一步到位，并且符合卫生要求。

（六）拉

拉是在翻的基础上，为使餐巾造型挺直而使用的一种手法，拉的手法有上拉、下拉、侧拉等（图3-4-6）。通过拉的手法，餐巾的线条会明显，花型更加挺括。拉一般要配合攥的手法一起完成，要注意拉的角度。

图3-4-5 翻

图3-4-6 拉

（七）穿

用左手攥住餐巾，右手将筷子或其他工具从餐巾的夹层折缝中穿过，部分花型还需从两头向中间挤压形成褶皱，完成以上工作后，先将餐巾花插入杯子或餐巾圈中，再抽掉筷子（图3-4-7）。注意，穿用的工具要光滑、洁净，餐巾的皱折要均匀。

（八）捏

捏主要是将餐巾折成鸟或其他动物的头型所使用的方法（图3-4-8）。操作时，根据所折动物大小用食指按下餐巾的尖角，再用拇指和食指将两侧的餐巾向中间挤压，形成各种形状的动物头型。

图3-4-7 穿

图3-4-8 捏

（九）掰

掰一般用于制作花束（图3-4-9），如制作月季花型。将餐巾叠好层次，按顺序一层层掰出花瓣，注意掰时不要用力过大，掰出的层次或褶的大小要均匀。

图3-4-9 掰

三、餐巾折花要求

参考全国职业院校技能大赛酒店餐巾折花的要求，具体如下。

（1）花型要突出正副主人位，整体协调。

（2）餐巾花挺括、造型美观、花型逼真，落杯在1/2～2/3处，注意杯内餐巾的整齐。

（3）有头、尾的动物造型应头朝右（主人位除外）。

（4）餐巾花观赏面要朝向客人，若客人位为不同花型，形态相似的餐巾花型要错开并对称摆放。

（5）折叠手法正确，一次成型。杯花折好后放于水杯中一起摆上桌，手不触及杯口及杯的上部。

（6）操作手法卫生，不用口咬、下巴按。

（7）餐巾花不能遮挡台上用品，不能影响服务操作。

知识拓展

餐巾的烫浆方法

将25克淀粉用适量的开水冲烫，待淀粉糊化，加入750克冷水搅拌成奶白色的浆液，将清洗漂净的餐巾放入（该比例可烫浆餐巾30块左右）。浆好后将餐巾晾至八成干，用力均匀地将餐巾四角拉直并熨烫平整，防止餐巾变形。

课堂实训

一、实训准备

(一)所需物品

每组准备18寸折花平盘1个、餐巾20块、骨碟10个、水杯10个。

(二)实训内容

(1)每位学生各自用1块餐巾、1个骨碟、1个水杯练习折杯花和盘花,每位学生至少掌握10个杯花、10个盘花的折法,时长30分钟。

(2)练习结束,每位学生用准备的物品,折10个杯花、10个盘花,并摆放在圆桌上的各个位置上,给本组打分,并将杯花和盘花拍照或拍视频给教师和其他各组打分。由本小组成员、其他小组成员和教师开展综合评价,并填入评分表。其中:本组打分占比30%;他组打分为其他小组打分的平均分,占比30%;教师打分占比40%。

二、任务评价

折花评分表如表3-4-1所示。

表3-4-1 折花评分表

评价项目	评分细则	分值	本组打分	他组打分	教师打分
物品准备	物品准备正确、充分	10			
操作过程	花型要突出正副主人位,整体协调	10			
	餐巾花挺括、造型美观、花型逼真,落杯在1/2~2/3处,注意杯内餐巾的整齐	10			
	有头、尾的动物造型应头朝右(主人位除外)	10			
	餐巾花观赏面要朝向客人,若客人位为不同花型,形态相似的餐巾花型要错开并对称摆放	15			
	折叠手法正确,一次成型。杯花折好后放于杯中一起摆上桌,手不触及杯口及杯的上部	15			
	操作手法卫生,不用口咬、下巴按	10			
	餐巾花不能遮挡台上用品,不能影响服务操作	10			
结束工作	工作台整理干净	5			
	物品归位	5			
合计		100			

三、填充任务单

折花知识任务单如表3-4-2所示。

表3-4-2 折花知识任务单

任务内容	相关知识
折花手法	1.叠。叠即折叠,将餐巾或整齐或错位折叠成长方形、正方形、三角形、菱形等。折叠时要看准位置,做到_____,避免出现折痕,影响花型美观。 2.推。推即推折。根据花型需要,用双手_____和_____捏起一个宽度适宜的褶子,中指压在剩余餐巾上,中指与第一个褶子的距离为大拇指和食指捏住褶子的2倍宽,将第一个褶子向前推进,推出下一个褶子。根据花型需要,按照此方法,依次推出需要的褶子。需要注意的是,在推折过程中要用中指控制宽度,以保证每个褶子的距离均等,若两侧有剩余部分,则需要将其向上或向下折叠,使餐巾侧面平整。 3.卷。卷即将餐巾均匀的卷成不同的_____状。卷的时候需要根据造型,控制卷的松紧度,保证花型挺括。平行卷需要两手用力_____,同时平行卷动,餐巾两头形状一样,而斜角卷要求两手能按所卷角度的大小,互相配合。 4.攥。攥的目的是使叠出的餐巾花半成品不易脱落走样。一般用_____手攥住餐巾的中部或下部,然后再用右手操作其他部位。攥的时候要注意松紧适度、长度适当。在折叠杯花时,攥的部分往往就是插入杯中的部分,因此要注意攥住的部分尽量整齐美观。 5.翻。翻是指将餐巾的巾角从下端翻折至上端、两侧向中间翻折、前面向后面翻折,或是将夹层里面翻到外面等,以形成花、叶、芯、翅、头颈等形状。在翻的过程中要尽量做到_____,并且符合卫生要求。 6.拉。拉是在翻的基础上,为使餐巾造型挺直而使用的一种手法,拉的手法有上拉、下拉、侧拉等。通过拉的手法可使餐巾的线条更明显,花型更加挺括。拉一般要配合_____的手法一起完成,要注意拉的角度。 7.穿。穿是用左手攥住餐巾,右手将筷子或其他工具从餐巾的夹层折缝中穿过,部分花型还需从两头向中间挤压形成褶皱,完成以上工作后,先将餐巾花插入杯子或餐巾圈中,再抽掉_____。注意,穿用的工具要光滑、洁净,餐巾的皱折要均匀。 8.捏。捏主要是将餐巾折成_____或其他动物的头型所使用的方法。操作时,根据所折动物大小用食指按下餐巾的尖角,再用拇指和中指将两侧的餐巾向中间挤压,形成各种形状的动物头型。 9.掰。掰一般用于制作花束,如制作月季花型。将餐巾叠好层次,按顺序一层层掰出花瓣,注意掰时不要用力过大,掰出的层次或褶的大小要_____
餐巾折花要求	1.花型要突出_____位,整体协调。 2.餐巾花挺括、造型美观、花型逼真,落杯在_____处,注意杯内餐巾的整齐。 3.有头、尾的动物造型应头朝_____(主人位除外)。 4.餐巾花观赏面要朝向_____,若客人位为不同花型,形态相似的餐巾花型要错开并对称摆放。 5.折叠手法正确,一次成型。杯花折好后放于_____杯中一起摆上桌,手不触及杯口及杯的上部。 6.操作手法_____,不用口咬、下巴按。 7.餐巾花不能遮挡_____,不能影响服务操作。

任务五 铺台布技能

知识准备

台布又称为桌布,是覆盖于台面和桌面用以防污、美化餐桌的物品。

一、台布的种类

台布种类十分丰富,根据材质不同,台布可以分为纯棉台布、亚麻台布、雪尼尔台布、金丝绒台布、PVC台布等;根据颜色不同,台布可分为白色台布、彩色台布等;根据形状不同,台布可分为正方形台布、长方形台布和圆形台布等。

二、台布的规格

台布的规格种类繁多,根据桌子形状和大小选择合适的台布规格,经常使用的有140厘米×140厘米、160厘米×160厘米、180厘米×180厘米、200厘米×200厘米、220厘米×220厘米、240厘米×240厘米、260厘米×260厘米等规格。例如,1.8米的圆桌常用220厘米×220厘米或230厘米×230厘米的圆形或方形台布,下面搭配320厘米×320厘米的台布作为装饰布。

操作规范

三种铺台布方法的操作步骤如表3-5-1所示。

表3-5-1 三种铺台布方法的操作步骤

操作步骤	详细做法	步骤图
准备工作	1.铺台布之前,首先应将所需餐椅按就餐人数摆放于餐台的四周,使之呈三三两两的并列状。 2.服务人员应将双手洗净,并对准备铺用的每块台布进行仔细检查,若发现有残破、油污和皱褶的台布则不能继续使用。 3.叠好台布。台布正面朝上,沿凸线对折以后再对折,再将两侧向中间对折后再对折,最后对折收起	图3-5-1

平铺式

撒网式

抖铺式

续表

操作步骤	详细做法	步骤图
拉椅站位	拉开主人位椅子,一只脚在前,另一只脚在后,身体微向前倾	图3-5-2
开台布抓台布	1.先打开两侧台布,向上翻开第一张台布,大拇指和小指在下,其余三个手指在上,用虎口及小指和无名指夹住台布。 2.用食指和中指向上抓起台布折叠时的褶子,并用虎口压住褶子处的台布。 3.再用食指和中指抓住褶子下面的台布,仍用虎口压住。 4.抖台布,保证两侧台布抖开	图3-5-3、图3-5-4
铺台布	1.平铺式:把两侧台布放于桌上,用食指和中指抓住两侧台布,将台布贴着桌面向两侧推出去,在保持小指和无名指夹住台布的同时松开虎口处压住的台布,使台布一侧滑入桌子和椅子之间。 2.抖铺式:把两侧台布放于桌上,双手捧起台布,利用双腕的力量,将台布向桌子两侧平铺过去,在保持小指和无名指夹住台布的同时松开虎口处压住的台布,使台布一侧滑入桌子和椅子之间。 3.撒网式:双手将台布提拿起来至胸前,下肢不动,上身向左转体,右臂与身体回转的同时,将台布斜着向前撒出去,用左手控制台布转向,保证台布中线与桌子中线重合,上身转体回位并恢复至正位站立	图3-5-5、图3-5-6、图3-5-7
整理台布	保持大拇指和小指在下,其余三个手指在上,用虎口及小指和无名指夹住台布,将靠桌子的脚往后退一步拉台布,直至台布中心与桌子中心重合,将台布轻轻放下	图3-5-8
椅子归位	将主人位椅归位	图3-5-9

图3-5-1　准备工作

图3-5-2　正确站位

图3-5-3　开台布

图3-5-4　抓台布

图3-5-5 平铺式铺台布

图3-5-6 抖铺式铺台布

图3-5-7 撒网式铺台布

图3-5-8 整理台布

图3-5-9 椅子归位

知识拓展

宴会布草色彩搭配原则

1. 布草颜色要与宴会厅色调统一

布草的颜色应该与宴会厅的整体风格和色调相协调，两者色调不能反差过大，不能过于突兀，否则会给客人带来不适。

2. 布草颜色要与宴会主题契合

布草颜色要与宴会主题契合，不同布草颜色所表达的含义和所营造的氛围不同。布草颜色要根据不同的宴会主题进行相应的调整，如女宝宝周岁宴多选用粉红色，男宝宝周岁宴多选用蓝色等。

3.布草颜色要与四季特色相适应

宴会布草颜色要随着四季的变化调整,给客人不同的感受。例如:春季可以使用亮绿色等,展现春季的朝气蓬勃;夏季可以选用白色、蓝色等,驱散夏季带来的闷热与烦躁;秋季可以选用金黄色、橙色、米色等,营造温馨、喜悦、收获的氛围;冬季可以选用古铜色、深灰色、深咖啡色等,为客人带来冬日的温暖。

4.布草颜色不宜过多过杂

宴会布草的主色调一般不宜超过两种,颜色过多过杂容易给客人眼花缭乱的感觉。通常可以选用一些辅助色来展现宴会主题,辅助色应是与主色调同一色系不同深浅变化的颜色,或者色谱中相邻的颜色。

课堂实训

一、实训准备

(一)所需物品

直径180厘米的圆桌1张;直径320厘米的圆桌台布(装饰布)1张;220厘米×220厘米的正方形台布一张;椅子10张。

(二)实训内容

练习三种铺台布的方法,最终选择一种最适合自己的铺台布方法。由本小组成员、其他小组成员和教师开展综合评价,并填入评分表。其中:本组打分占比30%;他组打分为其他小组打分的平均分,占比30%;教师打分占比40%。

二、任务评价

铺台布评分表如表3-5-2所示。

表3-5-2 铺台布评分表

评价项目	评分细则	分值	本组打分	他组打分	教师打分
物品准备	物品准备正确、充分	10			
操作过程	拉开主人位餐椅,在主人位铺台布和装饰布	5			
	可采用平铺式、抖铺式或撒网式铺设装饰布、台布,要求一次完成,两次完成扣10分,三次及以上完成不得分	25			

续表

评价项目	评分细则	分值	本组打分	他组打分	教师打分
操作过程	装饰布平铺在餐桌上,正面朝上,台面平整,四周下垂均等	15			
	台布正面朝上,铺在装饰布上	5			
	定位准确,中心线凸缝向上,且对准正副主人位	10			
	台面平整	5			
	台布四周下垂均等	10			
	操作规范、动作娴熟、优雅	5			
结束工作	工作台整理干净	5			
	物品归位	5			
合计		100			

三、填充任务单

铺台布步骤任务单如表3-5-3所示。

表3-5-3　铺台布步骤任务单

任务内容	步骤
准备工作	1.铺台布之前,首先应将所需餐椅按就餐人数摆放于餐台的四周,使之呈三三两两的并列状。 2.服务人员应将双手洗净,并对准备铺用的每块台布进行仔细检查,发现有残破、油污和皱褶的台布则_____。 3.叠好台布。台布正面朝上,沿凸线对折以后再对折,再将两侧向中间对折以后再对折,最后对折收起
拉椅站位	拉开_____位椅子,一只脚在前,另一只脚在后,身体微向前倾
开台布抓台布	1.先打开两侧台布,向上翻开第一张台布,大拇指和小指在下,其余三个手指在上,用虎口及小指和无名指夹住台布。 2.用食指和中指向上抓起台布折叠时的褶子,并用_____压住褶子处的台布。 3.再用食指和中指抓住褶子下面的台布,仍用虎口压住。 4.抖台布,保证两侧台布抖开

续表

任务内容	步骤
铺台布	1.＿＿＿式:把两侧台布放于桌上,用食指和中指抓住两侧台布,将台布贴着桌面向两侧推出去,在保持小指和无名指夹住台布的同时松开虎口处压住的台布,使台布一侧滑入桌子和椅子之间。 2.＿＿＿式:把两侧台布放于桌上,双手捧起台布,利用双腕的力量,将台布向桌子两侧平铺过去,在保持小指和无名指夹住台布的同时松开虎口处压住的台布,使台布一侧滑入桌子和椅子之间。 3.＿＿＿式:双手将台布提拿起来至胸前,下肢不动上身向左转体,右臂与身体回转的同时,将台布斜着向前撒出去,用左手控制台布转向,保证台布中线与桌子中线重合,上身转体回位并恢复至正位站立
整理台布	保持大拇指和小手指在下,其余三个手指在上,用虎口及小指和无名指夹住台布,将靠桌子的脚往后退一步拉台布,直至台布中心与＿＿＿中心重合,将台布轻轻放下
椅子归位	将＿＿＿位椅归位

任务六　中餐摆台技能

知识准备

摆台是把各种餐具按要求摆放在餐桌上,它是餐厅配餐工作中的一项重要内容。摆台效果是餐厅面貌的一种体现,也直接影响服务质量。

不同酒店由于档次不同、物品不同,摆台要求也会有所差别,但整体要求基本一致,即餐具卫生整洁、摆放齐全且整齐美观,既要满足客人需求,方便用餐,又要便于席间服务。中餐摆台分为中餐零点摆台和中餐宴会摆台。不论是零点摆台还是宴会摆台,餐位定位要求基本一致:4人方桌,采取十字对称法;6人圆桌,采用一字对中、左右对称法;8人圆台,采用十字对中、两两对称法;10人圆桌,采用一字对中、左右对称法;12人圆桌,采用十字对中、两两相间法。

中餐台面摆放的主要物品,除台布和口布外,还有骨碟、味碟、汤碗、汤勺、筷架、长柄勺、牙签、筷子、水杯、红酒杯、白酒杯、花瓶(中心装饰物)、菜单、台卡、香巾碟等,一般来说,零点摆台较宴会摆台简单,所用物品较少。

操作规范

一、中餐零点摆台

中餐零点摆台各餐厅大同小异,所有餐具件数也会稍有差别。基本摆台步骤如下。

（一）铺台布

中餐零点摆台铺台布常用平铺式、抖铺式、撒网式。

（二）摆放转盘

为就餐方便，8人桌或以上会摆放转盘。如有转盘，可在台布铺好后摆放转盘。要求做到转盘中心与桌子中心重合，转盘平整，转动自如。

（三）摆放骨碟

按照餐位定位要求，服务员手拿骨碟边缘部分，依次摆放，骨碟边缘距离桌边约1.5厘米。

（四）摆放汤碗、汤勺

汤碗摆放在骨碟左前方，距骨碟约1厘米，汤勺摆在汤碗内，勺把朝左，与桌边平行。

（五）摆放筷架、长柄勺、筷子

筷架摆放在餐碟右边区域，长柄勺摆放在筷架左侧，筷子摆放在筷架右侧，长柄勺距骨碟约3厘米，筷尾距桌边约1.5厘米。

（六）摆放水杯

手拿水杯下部，水杯放在骨碟右上方，汤碗与杯子之间距离的中点对准餐碟的中点，杯子分别与汤碗、骨碟相距约1厘米。

二、中餐宴会摆台

中餐宴会摆台首先需要确定主人位，主人位一般是餐厅里最突出醒目的位置，一般背靠装饰墙面，面对着门的居中位置，副主人位安排在主人位的对面，便于主人、副主人能够更好地招待整桌客人；主宾的位置安排在主人位的右侧，以示对主宾的尊重，其他餐位依据职务、年龄、性别等依次排列，现今餐桌的座次安排主要有如图3-6-1所示的三种。就宴会而言，每张餐桌的排位均大体相似。

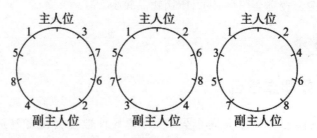

图3-6-1　常见座次安排图

8人位中餐主题宴会摆台流程

目前餐厅圆台一般直径为1.8米,每桌坐10人,选用220厘米的圆形台布或230厘米规格的方形台布,以及320厘米规格的装饰布。中餐宴会摆台,要求餐具摆放正确、距离均匀、整齐、美观、清洁、大方,为客人提供舒适的就餐位置、必需的就餐餐具及恰到好处的服务体验。以下摆台标准参考2023年全国职业院校技能大赛摆台标准。

中餐宴会摆台的操作步骤如表3-6-1所示。

表3-6-1 中餐宴会摆台的操作步骤

操作步骤	详细做法	步骤图
准备工作	1.铺台布之前,首先应将所需餐椅按就餐人数摆放于餐台的四周,使之呈三三两两的并列状。 2.服务人员应做好仪容仪表检查,将双手洗净,并在备餐台上准备好摆台用品:装饰布1张、台布1张,花瓶1个,装饰盘、味碟、汤碗、汤勺、筷架、长柄勺、牙签、筷子、白酒杯、红酒杯、水杯各10个,准备公勺、公筷、公用筷架各2个,菜单2个,桌号牌(台卡)1个	图3-6-2
铺台布	拉开主人位餐椅,在主人位铺装饰布、台布;装饰布平铺在餐桌上,正面朝上,台面平整,四周下垂均等;台布铺在装饰布上,正面朝上;定位准确,中心线凸缝向上,且对准正副主人位;台面平整;台布四周下垂均等	图3-6-3、图3-6-4、图3-6-5
摆放中心装饰物	中心装饰物放在桌子中心	图3-6-6
餐碟定位	从主人位开始按顺时针方向一次性定位摆放餐碟,餐碟边沿距桌边1.5厘米;每个餐碟之间的间隔要相等;相对的餐碟与餐桌中心三点成一条直线;操作要轻松、规范、手法卫生	图3-6-7
摆放味碟、汤碗、汤勺	味碟位于餐碟正上方,相距1厘米,汤碗位于味碟左侧,与味碟在一条直线上,汤碗、汤勺摆放正确、美观	图3-6-8、图3-6-9、图3-6-10
摆放筷架、长柄勺、牙签、筷子	筷架摆在餐碟右边,其横中线与汤碗、味碟横中线在同一条直线上;筷架左侧纵向延长线与餐碟右侧相切。长柄勺、筷子搁摆在筷架上,筷子与对座餐碟中心线平行,筷尾的右下角距桌沿1.5厘米,筷套正面朝上;牙签位于席面更和筷子之间,牙签套正面朝上,底部与席面更齐平	图3-6-11、图3-6-12
摆放葡萄酒杯、白酒杯、水杯	葡萄酒杯在味碟正上方2厘米,白酒杯摆在葡萄酒杯的右侧,水杯位于葡萄酒杯左侧,杯肚间隔1厘米,三杯成一条斜直线,摆杯手法正确(手拿杯柄或中下部)、卫生	图3-6-13、图3-6-14
折餐巾花、摆放餐巾花	餐巾平整、无折痕,花型突出主位,使用托盘摆放餐巾,折餐巾花手法正确,操作卫生,花型美观,整体挺括、和谐,突显主题,有创意; 从主人位开始,顺时针依次摆放餐巾花,突出正副主人位	图3-6-15、图3-6-16
摆放公用餐具	公用筷架摆放在主人和副主人餐位红酒杯正上方,距红酒杯肚下沿切点3厘米,公勺、公筷置于公用筷架之上,勺柄、筷子尾端朝右	图3-6-17

续表

操作步骤	详细做法	步骤图
摆放桌号牌和菜单	桌号牌摆放在花瓶正前方,面对副主人位;菜单摆放在正副主人的筷子架右侧,位置一致,菜单右尾端距桌边1.5厘米	图3-6-18
拉椅	从主人位开始顺时针方向拉椅,座位中心与餐碟中心对齐;餐椅之间距离均等,餐椅座边缘与台布下垂部分相切	图3-6-19

整体展示如图3-6-20所示。

图3-6-2 准备工作

图3-6-3 铺装饰布

图3-6-4 铺台布

 图 3-6-5　椅子归位	 图 3-6-6　摆放中心装饰物
 图 3-6-7　摆放骨碟	 图 3-6-8　摆放味碟

图 3-6-9　摆放汤碗　　　　　　　　图 3-6-10　摆放汤勺

图 3-6-11 摆放筷架

图 3-6-12 摆放筷子等

图 3-6-13 摆放葡萄酒杯、白酒杯

图 3-6-14 摆放水杯

图 3-6-15 折餐巾花

图 3-6-16 摆放餐巾花

项目三　餐前准备

图 3-6-17　摆放公勺、公筷

图 3-6-18　摆放菜单、桌号牌

图 3-6-19　拉椅

图 3-6-20　整体展示

思政园地

艾爱国是湖南华菱湘潭钢铁有限公司生产一线的一名普通焊工。他在焊工岗位上工作50多年，攻克焊接技术难关400多个，改进工艺100多项，多次参与我国重大项目焊接技术攻关和特种钢材焊接性能试验。艾爱国曾言："我一辈子只专注一件事，那就是专心做一名好焊工。"

在我们实训过程中，要求摆台距离精确到厘米，摆台时间精确到分钟，这是我们本职工作的需要，我们要做的，就是要专注一件事，把自己的本职工作做到极致，通过一次又一次的训练，精益求精，把距离摆到位，把时间缩短。

知识拓展

摆台时不可忽视的细节

1.摆台前检查不可少

在摆台前要检查摆台人员的仪容仪表；检查物品是否齐全；检查布草是否熨烫平整、有无破损；检查餐具是否完好、有无破损。

2. 摆台时顺序不可乱

摆台时要按照一定的顺序摆放物品，特别是餐位的摆放，需要按照一定的顺序来进行餐具定位，保证餐具摆放整齐，提高摆放速度和质量。

3. 摆台后复查不可缺

摆台结束后，要按照顺时针方向对餐位进行相应的检查，以保证台面质量。

课堂实训

一、实训准备

（一）所需物品

直径1.8米的圆桌1张；装饰布1张、台布1张，花瓶1个，装饰盘、味碟、汤碗、汤勺、筷架、长柄勺、牙签、筷子、白酒杯、红酒杯、水杯各10个，准备公勺、公筷、公用筷架各2个，菜单2个，桌号牌（台卡）1个。

（二）实训内容

摆放10人位宴会摆台，由本小组成员、其他小组成员和教师开展综合评价，并填入评分表。其中：本组打分占比30%；他组打分为其他小组打分的平均分，占比30%；教师打分占比40%。

二、任务评价

中餐宴会摆台评分表如表3-6-2所示。

表3-6-2 中餐宴会摆台评分表

评价项目	评分细则	分值	本组打分	他组打分	教师打分
准备工作	巡视工作环境，进行安全、环保检查，检查服务用品，工作台物品摆放齐全、正确	10			
仪容仪表（10分）	工作鞋干净，且符合行业标准	2			
	具有较高标准的卫生习惯；男士修面，胡须修理整齐；女士化淡妆	2			
	制服干净整洁，熨烫挺括合身，符合行业标准	2			

续表

评价项目	评分细则	分值	本组打分	他组打分	教师打分
仪容仪表（10分）	身体部位没有可见标记；不佩戴过于醒目饰物；指甲干净整齐，不涂有色指甲油，发型符合职业要求	2			
	所有工作中站姿、走姿优美，表现非常专业	2			
台布（8分）	台布平整，凸缝朝向正副主人位	2			
	台布四周下垂均等	2			
	装饰布平整且四周下垂均等	4			
骨碟（10分）	餐碟间距离均等	2			
	相对餐碟、餐桌中心、椅背中心五点一线	2			
	餐碟距桌沿1.5厘米	4			
	拿碟手法正确（手拿餐碟边缘部分）、卫生	2			
味碟、汤碗、汤勺（8分）	味碟位于餐碟正上方，两者相距1厘米	4			
	汤碗位于味碟左侧，与味碟在一条直线上，汤碗、汤勺摆放正确、美观	4			
筷架、长柄勺、牙签、筷子（10分）	筷架摆在餐碟右边，其横中线与汤碗、味碟横中线在同一条直线上；筷架左侧纵向延长线与餐碟右侧相切	4			
	长柄勺、筷子搁摆在筷架上，筷子与对座餐碟中心线平行，筷尾的右下角距桌沿1.5厘米，筷套正面朝上	4			
	牙签位于席面更和筷子之间，牙签套正面朝上，底部与席面更齐平	2			
三杯（10分）	葡萄酒杯在味碟正前方2厘米	2			
	白酒杯摆在葡萄酒杯的右侧，水杯位于葡萄酒杯左侧，杯肚间隔1厘米	4			
	三杯摆放成斜直线	2			
	摆杯手法正确（手拿杯柄或中下部）、卫生	2			
餐巾花（10分）	餐巾准备平整、无折痕	2			
	花型突出主位	2			
	使用托盘摆放餐巾，折餐巾花手法正确，操作卫生	2			
	花型美观，整体挺括、和谐，突显主题，有创意	4			

续表

评价项目	评分细则	分值	本组打分	他组打分	教师打分
公用餐具（4分）	公用筷架摆放在主人和副主人餐位红酒杯正前方,距红酒杯肚下沿切点3厘米	2			
	公勺、公筷置于公用筷架之上,勺柄、筷子尾端朝右	2			
桌号牌和菜单（6分）	花盆摆在台面正中	2			
	桌号牌摆放在花盆正前方,面对副主人位	2			
	菜单摆放在正副主人位的筷子架右侧,位置一致,菜单右尾端距桌边1.5厘米	2			
拉椅（4分）	从主人位开始拉椅,座椅中心与餐碟中心对齐	2			
	餐椅之间距离均等,餐椅座面边缘与台布下垂部分相切	2			
结束工作	工作台整理干净	5			
	物品归位	5			
合计		100			

三、填充任务单

中餐宴会摆台的操作步骤如表3-6-3所示。

表3-6-3　中餐宴会摆台的操作步骤

任务内容	步骤
准备工作	（1）铺台布之前,首先应将所需餐椅按就餐人数摆放于餐台的四周,使之呈三三两两的并列状。 （2）服务人员应做好仪容仪表检查,将双手洗净,并在备餐台上准备好摆台用品:装饰布1张、台布1张,花瓶1个,装饰盘、味碟、汤碗、汤勺、筷架、长柄勺、牙签、筷子、白酒杯、红酒杯、水杯各10个,准备公勺、公筷、公用筷架各2个,菜单2个,桌号牌(台卡)1个
铺台布	拉开_____餐椅,在主人位铺装饰布、台布;装饰布平铺在餐桌上,正面朝上,台面_____,四周下垂均等;台布铺在_____上,正面朝上;定位准确,中心线凸缝向_____,且对准正副主人位;台面平整;台布四周下垂_____
摆放花瓶	_____放在桌子中心
餐碟定位	从主人位开始按_____方向一次性定位摆放餐碟,餐碟边沿距桌边_____;每个餐碟之间的间隔要相等;相对的餐碟与_____点三点成一条直线;操作要轻松、规范、手法卫生

续表

任务内容	步骤
摆放味碟、汤碗、汤勺	味碟位于_____正上方,两者相距1厘米,汤碗位于味碟_____侧,与味碟在一条直线上,汤碗、汤勺摆放正确、美观
摆放筷架、长柄勺、牙签、筷子	筷架摆在餐碟_____边,其横中线与汤碗、味碟横中线在同一条直线上;筷架左侧纵向延长线与餐碟右侧_____。长柄勺、筷子搁摆在筷架上,筷子与对座餐碟中心线平行,筷尾的右下角距桌沿1.5厘米,筷套正面朝上;牙签位于席面更和筷子之间,牙签套正面朝上,底部与席面更_____。
摆放葡萄酒杯、白酒杯、水杯	葡萄酒杯在味碟正上2厘米,白酒杯摆在葡萄酒杯的_____侧,水杯位于葡萄酒杯左侧,杯肚间隔1厘米,三杯成_____,摆杯手法正确(手拿_____部)、卫生
折餐巾花	餐巾平整、无折痕,花型突出_____位,使用_____摆放餐巾,折餐巾花手法正确,操作卫生,花型美观,整体挺括、和谐,突显主题,有创意
摆放公用餐具	公用筷架摆放在主人和副主人餐位红酒杯正上方,距红酒杯肚下沿切点3厘米,公勺、公筷置于公用筷架之上,勺柄、筷子尾端朝_____
摆放桌号牌和菜单	桌号牌摆放在花瓶正前方,面对_____位;菜单摆放在正副主人的筷子架_____侧,位置一致,菜单右尾端距桌边1.5厘米
拉椅	从主人位开始顺时针方向拉椅,座位中心与_____中心对齐;餐椅之间距离_____,餐椅座面边缘与台布下垂部分_____

项目四
餐前接待

项目导读

餐前接待包括迎宾接待、领位服务、开餐巾落筷套、茶水服务和点菜服务,本项目将分别从零点和宴会两个模块进行阐述。

项目目标

1. 掌握餐前迎宾礼仪接待、领位服务的注意事项、流程;
2. 掌握开餐巾落筷套的操作手法和注意事项;
3. 掌握茶水服务的技巧和流程;
4. 掌握点菜服务的技巧和流程。

任务一 迎宾接待

知识准备

迎宾接待是客人享受餐厅接待服务的第一环节,热情、礼貌、规范周到的服务为后续服务工作奠定了基础。迎宾员的仪表仪容要优雅、端庄,服饰要整洁,并体现餐饮单位的服务特色,同时迎宾员要具备较好的语言表达能力和一定的外语水平。

操作规范

迎宾接待的操作步骤如表4-1-1所示。

表4-1-1　迎宾接待的操作步骤

服务程序	详细做法	步骤图
站位	迎宾员服装整洁,在重大活动时应身着彩带	图4-1-1
热情问候	当客人走到距餐厅门口约2米的位置时,迎宾员应主动上前,面带微笑,主动向客人问好,注意使用敬语,同时询问客人是否预订。遇到餐厅客满的情况,应尽量挽留前来的客人,帮客人安排休息室	图4-1-2

图4-1-1　站位

图4-1-2　热情问候

知识拓展

宴会迎宾时,宴会主管人员和迎宾员应根据宴会的入场时间提前在宴会厅门口迎候客人,值台服务员站在各自负责的餐桌旁准备提供服务。客人到达时,要热情迎接、微笑问好,待客人脱去衣帽后将客人引入休息厅就座休息。

思政园地

在服务行业中,想要提供优质服务,让客人认可我们的服务,必不可少的而且最容易忽略的就是细节服务。其实,客人的具体需求从表面上看来,似乎各种各样、要求也比较高,但细究起来却很简单:一个温馨的笑容,或是一声亲切的问候,一个关切的动作,一番诚恳的道歉……迎宾服务是细节服务的开始,是餐厅为客人提供服务的开端,礼貌得体、优雅大方的迎宾服务,在吸引了客人的同时,也为餐厅树立了良好的形象。

课堂实训

一、实训准备

(一)所需物品

每位学生1条彩带;每组一个直径1.8米的圆桌及8人位餐椅。

(二)实训内容

练习迎宾,迎宾结束后,由本小组成员、其他小组成员和教师开展综合评价,并填入评分表。其中:本组打分占比30%;他组打分为其他小组打分的平均分,占比30%;教师打分占比40%。

二、任务评价

迎宾步骤评分表如表4-1-2所示。

表4-1-2 迎宾步骤评分表

评价项目	评分细则	分值	本组打分	他组打分	教师打分
物品准备	物品准备正确,充分	5			
操作过程	工作制服干净,仪容仪表符合要求	5			
	迎宾站位合理,姿势标准	20			
	迎宾手势标准	20			
	面带微笑,语言正确,使用敬语	20			
	正确询问客人预订信息	10			
结束工作	工作台整理干净	10			
	物品归位	10			
合计		100			

三、填充任务单

迎宾步骤任务单如表4-1-3所示。

表4-1-3　迎宾步骤任务单

任务内容	步骤
站位	迎宾员服装_____,在重大活动时应_____。
热情问候	当客人走到距餐厅门口_____的位置时,迎宾员应_____,面带微笑,主动向客人问好,注意使用_____,同时询问客人_____。遇到餐厅客满的情况,应尽量挽留前来的客人,帮客人安排休息室

任务二　领位服务

知识准备

领位服务是客人进入餐厅接受的第一项具有技巧性的服务,规范优质的领位服务会给客人留良好的第一印象。领位服务工作不可小觑,它不仅能使餐厅服务员更方便地为客人提供服务,还能使客人感觉舒适,使餐厅空间合理、充分地利用。领位技巧主要包括以下几个方面。

(1)根据客人人数安排相应的用餐位置,使客人就餐人数与桌面容纳能力相对应。

(2)领位员在领位过程中应征询客人的意愿,在客人意愿的基础上再提出合适的建议供客人选择,尽量使双方的意见保持一致。

(3)先到的客人,可领至窗口或者靠近入口的地方就座,营造餐厅人气旺盛、热闹的氛围。

(4)带小孩的客人,应避免将其安排在入口、通道两侧,以保证小孩活动的安全,也有利于餐厅服务员工作,方便其他客人通行。

(5)漂亮、打扮时尚的客人,可以将其安排在较为显眼的地方,为餐厅增加亮色。

(6)来餐厅就餐的情侣,应尽可能将其安排在较为安静幽雅的地方;年老、体弱或行动不便者,要主动搀扶,尽可能将其安排在出入方便的地方。

(7)用餐高峰期,领位员应提前做好准备,并积极做好现场的协调工作,时时关注散客的就餐动态。

(8)引领服务常用语言:"早上好,先生(小姐),一共几位?""请往这边走。""跟我来。""请坐。""请稍候,我马上为您安排。""请等一等,您的餐台马上准备(收拾)好。""请您先看菜单(请您先点凉菜)。""先生(小姐),您喜欢坐在这里吗?""对不起,您跟那位先生合用一张餐台好吗?""对不起,这里有空位吗?""对不起,我可以用这把椅子吗?"

操作规范

领位的操作步骤如表4-2-1所示。

表4-2-1　领位的操作步骤

服务程序	详细做法	步骤图
站位	迎宾员应站在客人前方约1米远的位置，右手为客人指引并说："请这边走。"	图4-2-1
引领	在引领过程中，领位员左手持菜单，右手为客人引领，步速要与客人保持一致，如若位于客人前方，需要做到三步一回头关注客人，礼貌地询问客人是否有预订。如有预订应领至预订位置，没有预订则可给客人建议，根据客人的情况，安排客人就座。如尽量将客人安排在靠窗的位置；将情侣安排在角落的位置；人多时可将客人安排在餐厅的中央。如果客人不满意，应尽量为其调整，如询问客人是否需要靠窗或者包厢等。将客人领至餐桌前，然后轻声征询客人的意见	图4-2-2
拉椅	当客人来到餐桌前，要面带笑容，引请入座。在照顾客人座时，用双手和右脚尖将椅子稍撤后，然后徐徐向前轻推，让客人坐稳坐好。照顾客人入席应按先女宾后男宾、先主宾后一般客人的顺序进行。要优先照顾年老、行动不便的客人和年幼的客人	图4-2-3、图4-2-4

图4-2-1　站位

图4-2-2　引领

图4-2-3　拉椅步骤1

图4-2-4　拉椅步骤2

知识拓展

宴会迎宾根据宴会的规模进行。如宴会规模较小,可不设专门的衣帽间,只在宴会厅房门前放衣帽架,安排服务员照顾客人宽衣并接挂衣帽。如宴会规模较大,则需设专门的衣帽间,凭牌存取衣帽。接挂衣服时应握衣领,切勿倒提,以防衣袋内的物品倒出。贵重的衣服要小心用衣架挂放,以防衣服走样。重要客人的衣物要凭记忆进行准确服务,贵重物品请客人自己保管。

思政园地

中国旅游协会副会长兼秘书长张润钢表示,针对酒店运营质量下滑等行业痛点,所有酒店人须具备创新精神和工匠精神,为客人提供一个良好的住宿体验。张润钢认为,酒店的本质是服务,服务的目标就是客人,所有酒店人都应该清醒地认识到,今天的中国酒店业要把创新精神与工匠精神紧密地衔接,力戒浮躁,真干实干。

课堂实训

一、实训准备

(一)所需物品

每组一个直径1.8米的圆桌及10人位餐椅。

(二)实训内容

练习领位,领位结束后,由本小组成员、其他小组成员和教师开展综合评价,并填入评分表。其中:本组打分占比30%;他组打分为其他小组打分的平均分,占比30%;教师打分占比40%。

二、任务评价

领位服务评分表如表4-2-2所示。

表4-2-2 领位服务评分表

评价项目	评分细则	分值	本组打分	他组打分	教师打分
物品准备	物品准备正确、充分	5			
操作过程	工作制服干净,仪容仪表符合要求	5			
	领位站位合理,引领手势标准	20			

续表

评价项目	评分细则	分值	本组打分	他组打分	教师打分
操作过程	面带微笑,语言正确,使用敬语	10			
	征询客人的意见	20			
	拉椅动作标准	20			
	拉椅顺序正确	10			
结束工作	工作台整理干净	5			
	物品归位	5			
合计		100			

三、填充任务单

领位的步骤任务单如表4-2-3所示。

表4-2-3　领位的步骤任务单

任务内容	步骤
站位	迎宾员应站在客人左前方约_____远的位置,_____拿菜单或把菜单夹于左手内侧,_____为客人指引并说"请这边走。"
引领	在引领过程中,领位员左手持菜单,右手为客人引领,步速要与客人保持一致,如若位于客人前方,需要做到_____关注客人,礼貌地询问客人是否有预订。如有预订应领至预订位置,没有预订则可给客人建议,根据客人的情况,安排客人就座。如尽量将客人安排在_____的位置;将情侣安排在_____的位置;人多时可将客人安排在餐厅_____。如果客人不满意,应尽量为其调整,如询问客人是否需要靠窗或者包厢等。将客人领至餐桌前,然后轻声征询客人的意见
拉椅	当客人来到餐桌前,要面带笑容,引请入座。在照顾客人入座时,用_____和_____将椅子稍撤后,然后徐徐_____让客人坐稳坐好。照顾客人入席应按先_____、先_____后一般客人的顺序进行。要优先照顾年老客人、行动不便的客人和年幼的客人。待客人坐定后,应迅速给客人上毛巾、上茶,打开餐巾摊在客人膝上,帮客人取走筷套,接着把台号、席位卡、花瓶或花插拿走

任务三　开餐巾落筷套

知识准备

开餐巾落筷套是客人落座后的首要服务环节,也是客人就餐前的重要服务环节,要求动作干脆利落,服务专业规范。

操作规范

开餐巾落筷套的操作步骤如表4-3-1所示。

表4-3-1　开餐巾落筷套的操作步骤

服务程序	详细做法	步骤图
开餐巾	迎宾员应站在客人右后侧约30厘米处,以不移动盛放餐巾的水杯或骨碟为标准抽出餐巾,然后后撤上身左转到客人身后,捏住餐巾的两角将餐巾打开,侧身打开餐巾	图4-3-1
平铺餐巾	身体复前位将餐巾对折平铺在客人的大腿膝盖上,不得触碰客人身体	图4-3-2
落筷套	从主宾位开始,顺时针依次为客人落筷套,身体动作与开餐巾相同,一个位置只为一位客人落筷套。右手拿起筷子,撤上身左转到客人身后,右手捏住筷套,左手握住筷子尾端,抽出筷子,然后将筷子的1/3处放在筷架上	图4-3-3、图4-3-4
结束动作	到下一位客人右侧开餐巾,不允许一个位置同时为两位客人开餐巾。每次脱下的筷套握在左手中,最后一起撤走。没有客人就座的餐位暂时不用开餐巾落筷套	

图4-3-1　开餐巾

图4-3-2　平铺餐巾

图4-3-3　落筷套步骤1

图4-3-4　落筷套步骤2

知识拓展

传统上,客人较欣赏折法复杂、美观的餐巾,折法简单的餐巾较受到客人的冷落。但从卫生的角度而言,应尽可能少接触餐巾。折餐巾时应根据客人的地位折叠不同花型,以突出主人位的尊贵。

思政园地

上海锦江汤臣洲际大酒店中餐营运总监翁建和已在厨师行业工作了40多年,作为上海知名的中餐烹饪大师,他精通上海菜,熟练苏、川、粤等地方菜制作,尤其擅长冷菜制作。"把简单的工作做到极致"是翁建和在平凡工作岗位上对自己的要求。

课堂实训

一、实训准备

（一）所需物品

每组一个直径1.8米的圆桌及10人位餐椅。

（二）实训内容

练习开口布落筷套,练习结束后,由本小组成员、其他小组成员和教师开展综合评价,并填入评分表。其中:本组打分占比30%;他组打分为其他小组打分的平均分,占比30%;教师打分占比40%。

二、任务评价

开餐巾落筷套任务评分表如表4-3-2所示。

表4-3-2 开餐巾落筷套任务评分表

评价项目	评分细则	分值	本组打分	他组打分	教师打分
物品准备	物品准备正确、充分	5			
操作过程	工作制服干净,仪容仪表符合要求	5			
	领位站位合理,姿势标准	10			
	开餐巾手势标准	10			
	面带微笑,语言正确	10			
	餐巾摆放平整、正确	10			
	落筷套动作正确、规范	20			
	服务顺序正确	20			
结束工作	工作台整理干净	5			
	物品归位	5			
合计		100			

三、填充任务单

开餐巾落筷套的步骤任务单如表4-3-3所示。

表4-3-3 开餐巾落筷套的步骤任务单

任务内容	步骤
开餐巾	迎宾员应站在客人右后侧约_____厘米处,以_____盛放餐巾的水杯或骨碟为标准抽出餐巾,然后后撤上身_____到客人身后,捏住餐巾的_____将餐巾抖开,侧身打开餐巾
平铺餐巾	身体复前位将餐巾对折平铺在客人的_____上,不得触碰客人身体
落筷套	从主宾位开始,_____依次为客人落筷套,身体动作同开餐巾,一个位置只为一位客人落筷套。_____拿起筷子,撤上身左转到客人身后,右手_____,左手握住筷子尾端,抽出筷子,然后将筷子的_____处放在筷架上
结束动作	到下一位客人_____开餐巾,不允许一个位置同时为两位客人开餐巾。每次脱下的筷套握在_____中,最后一起撤走。_____就座的餐位暂时不用开餐巾落筷套

任务四 茶水服务

知识准备

中国是茶的故乡,我国的茶文化至今已有数千年的历史。直到现在,汉族还有以茶代礼的风俗。作为"开门七件事"(柴、米、油、盐、酱、醋、茶)之一,中国人自古就有饮茶的习惯。百忙之中泡上一壶茶,择雅静之处,自斟自饮,可以消除疲劳、涤烦益思、振奋精神,也可以细啜慢饮,达到美的享受,使精神世界得到升华。因此,酒店进行茶水服务,既是对中国文化的传承,也是为客人提供休闲放松的氛围,缓解客人的身心疲劳,为之后的服务打下良好的基础。

操作规范

茶水服务的操作步骤如表4-4-1所示。

表4-4-1 茶水服务的操作步骤

服务程序	详细做法	步骤图
准备工作	准备适宜的开水;先放一半左右的开水在茶壶内,摇匀;然后把开水倒去	图4-4-1
泡茶	用茶叶量杯拿茶叶;把茶叶倒在茶壶内,一般使用茶匙,而不用手直接抓取;倒入大概茶壶95%满的开水	图4-4-2
服务茶水	将餐巾垫于底碟,茶壶放在底碟上,准备好客人的茶杯(连碟),用托盘拿到客人台边;把客人的茶杯(连碟)放在客人的右侧(女士优先);大概把茶倒在茶杯七至八分满,把茶杯(连碟)放回客人面前,并面带笑容地说:"先生/女士,请饮茶。"	图4-4-3
添加茶水	加大概茶壶95%满的开水,再为客人倒一次茶,然后把茶壶连底碟放在台上适当的位置	图4-4-4
添加茶叶	先检查是哪种茶叶;加茶叶量杯一半的量;把茶叶倒在茶壶里(或使用茶匙);加入大概茶壶95%满的开水	图4-4-5

图 4-4-1　准备工作

图 4-4-2　泡茶

图 4-4-3　服务茶水

图 4-4-4　添加茶水

图 4-4-5　添加茶叶

知识拓展

中国是世界上最早发现和利用茶叶的国家,中国茶文化博大精深,源远流长,茶资源丰富,品种繁多,被大家广泛接受的有绿茶、红茶、白茶、黄茶、青茶(乌龙茶)、黑茶六大基本茶类。

绿茶是不发酵茶,经高温杀青(如炒、烘等)制成,冲泡后汤色和叶片均呈绿色。其名品有杭州的西湖龙井、江苏的碧螺春、安徽的黄山毛峰等。

红茶是全发酵茶,冲泡后汤色和叶底均呈棕红色。其名品有安徽祁门红茶、广东英德红茶、四川红茶、云南红茶等。

白茶属于轻微发酵茶,在其加工过程中,萎凋是形成白茶品质的关键工序,长时间的萎凋过程伴随着一系列复杂的内含物的复杂变化,从而形成满被白毫色泽银白光润,具有清鲜毫香和清甜滋味。

黄茶属于轻发酵茶,在其加工过程中,闷黄是黄茶加工所特有的工序,是形成黄茶独特"三黄"(即干茶金黄、汤色杏黄、叶底嫩黄)品质的关键。黄茶冲泡后,茶叶展开呈金黄色,香气扑鼻,而冲泡出的茶水则呈现杏黄色,味道甘甜清爽。

青茶(乌龙茶)是一种半发酵茶,其叶片中心呈绿色,边缘呈红色,兼有绿茶和红茶的特色。其名品有福建的铁观音、武夷岩茶等。

黑茶属后发酵茶,其品质风味独具一格,既不同于绿茶,亦有别于黄茶。黑茶大部分内销,少部分销往海外,因此,习惯上把黑茶制成的紧压茶称为边销茶,如普洱茶、湖南黑茶、老青茶等。

思政园地

> 茶文化主题酒店是以茶文化为主题打造的酒店,通过将茶文化融入酒店的设计、服务和体验中,给客人带来一种独特的享受。在当前全球茶文化兴起和全球旅游业蓬勃发展的背景下,茶文化主题酒店已成为旅游业的一个新兴趋势。茶文化的起源地是中国,全世界一百多个国家和地区的人喜爱饮茶,各国茶文化各不相同,各有千秋。中国茶文化体现了中华民族悠久的文明和礼仪,酒店员工有必要学习并运用于服务中,才能更好地理解和传承中国文化。

课堂实训

一、实训准备

(一)所需物品

每位学生1副茶具;每组一个直径1.8米的圆桌及10人位餐椅。

(二)实训内容

练习茶水服务,练习结束后,由本小组成员、其他小组成员和教师开展综合评价,并填入评分表。其中:本组打分占比30%;他组打分为其他小组打分的平均分,占比30%;教师打分占比40%。

二、任务评价

茶水服务任务评分表如表4-4-2所示。

表4-4-2 茶水服务任务评分表

评价项目	评分细则	分值	本组打分	他组打分	教师打分
物品准备	物品准备正确、充分	5			
操作过程	工作制服干净,仪容仪表符合要求	5			

续表

评价项目	评分细则	分值	本组打分	他组打分	教师打分
操作过程	准备工作标准、正确	5			
	温具动作标准	5			
	泡茶动作正确,茶水比例合理	20			
	服务茶水动作标准,语言正确	20			
	添水动作正确、规范	15			
	添茶动作正确、规范	15			
结束工作	工作台整理干净	5			
	物品归位	5			
	合计	100			

三、填充任务单

茶水服务步骤任务单如表4-4-3所示。

表4-4-3 茶水服务步骤任务单

任务内容	步骤
准备工作	准备适宜的开水;先放____的开水在茶壶内,摇匀;然后把开水倒去
泡茶	用茶叶量杯拿茶叶;把茶叶倒在茶壶内,一般使用____,而不用手直接抓取;倒入大概____的开水
服务茶水	将餐巾垫于底碟,茶壶放在底碟上,准备好客人的茶杯(连碟),用____拿到客人台边;把客人的茶杯(连碟)放在客人的____侧(女士优先);大概把茶倒在茶杯____满;把茶杯(连碟)放回客人面前,并面带笑容地说:"先生/女士,请用茶。"
添加茶水	加大概茶壶____的开水,再为客人倒一次茶,然后把茶壶连底碟放在台上适当的位置
添加茶叶	先检查是哪种茶叶;加茶叶量杯一半的分量;把茶叶倒在茶壶里(或使用茶匙);加入大概 茶壶95%满的开水

任务五　点菜服务

知识准备

点菜是一项技巧性工作,更是一门艺术。热情周到、主动及时、满足客人需求的点菜服务,能给客人留下深刻的印象,也能使其用餐更加愉快,增加后续消费的可能性,为餐厅赢得好的口碑。点菜的技巧主要有以下几点。

一、根据客人年龄、居住地为其点菜

点菜服务员在向客人推荐菜点时,可根据客人年龄、居住地为其点菜。

首先,可根据客人的不同年龄推荐菜点。对于老年客人,可以向他们推荐一些比较松软可口且不含胆固醇、低油脂的菜点;对于儿童客人,可向他们推荐偏甜、松软、清爽的菜点;对于年轻人,可向他们推荐一些创新菜点。

其次,可根据客人的居住地推荐菜点。对于北方的客人,可推荐味道浓郁、咸味较重的菜点;对于西南地区的客人,可推荐酸味较重、偏辣的菜点;对于长三角地区的客人,可推荐口味清淡、偏甜的菜点;对于南方地区的客人,可推荐口味清淡、生脆鲜甜、靓汤菜点。

另外,对于赶时间的客人,可以推荐一些制作方便、快捷的菜点。

二、根据客人消费能力为其点菜

对于普通消费者,可向他们推荐一些家常菜;对于不追求高消费的工薪阶层消费者,可向他们推荐一些档次一般的菜;对于高消费者,可以向其推荐一些比较名贵的菜点或新鲜野菜,因为这类客人追求高消费、高享受,点菜时既考虑营养价值又注重观赏价值。

三、根据菜肴的搭配为其点菜

点菜服务员在向客人推荐菜点时,可根据菜肴的搭配为其点菜:烹饪方法的搭配,即菜点兼顾蒸、煮、炒、炸等;冷菜与热菜的搭配,即菜点中既要有冷菜又要有热菜;上菜速度的搭配,即烹制时间较长的菜与烹制时间较短的菜点组合,以免客人等候的时间过长;菜点颜色的搭配,即所点菜点要有色彩上的搭配,以促进食欲;荤菜与素菜的搭配,即油脂性菜点与蔬菜或者粗粮的搭配,有利于消化吸收;形状的搭配,即菜点的

形状应有条、块、片、粒、茸等,不同形状的菜点搭配能构成视觉美感,增加客人用餐的愉悦感。

四、根据就餐人数为其点菜

点菜服务员在向客人推荐菜点时,可根据客人的就餐人数向客人建议点菜的分量,但最终确定的菜的分量要尊重客人意愿和实际情况。

操作规范

点菜服务的操作步骤如表4-5-1所示。

表4-5-1　点菜服务的操作步骤

服务程序	详细做法	步骤图
站位	客人点菜时,服务员应站客人右后侧,与客人保持一定距离,腰部稍弯,手持菜单,给客人介绍和推荐菜品	图4-5-1
点菜	认真倾听客人所点的菜点名称,如客人点的菜已售完,应立即向客人表示歉意,并婉转地向客人推荐其他类似的菜点;如客人点了烹制时间较长的菜点,应向客人说明。适时推销菜肴,如本店的特色菜、本店厨师的拿手菜、本店新推出的菜肴等。适时告知客人所点菜肴已足够,在为客人着想的同时,也使客人成为餐厅的回头客	图4-5-2
复述	当客人点完菜后,要将记录下的菜点向客人复述一遍,请客人确认	
酒水点单	服务员还应主动征询客人需要什么酒水饮料,根据所点的菜品推荐搭配合适的酒水	

图4-5-1　站位

图4-5-2　点菜

知识拓展

葡萄酒与中国八大菜系搭配小技巧

1. 搭配川菜

川菜即四川菜，主要特点是味型多样，善用辣椒、胡椒、花椒、豆瓣酱等调味品。川菜以麻辣为主，所以在搭配葡萄酒时应该尽量选择果香浓郁的半干型或者半甜型葡萄酒，酒中的甜味可有效平衡食物中的辣味，再结合菜肴的其他要素综合考虑。

2. 搭配鲁菜

鲁菜即山东菜，为我国北方菜的代表，是中国著名的八大菜系之一，也是黄河流域烹饪文化的代表。鲁菜以咸鲜为主，所以在搭配葡萄酒时应该选择酒体饱满、略带微甜的葡萄酒，再结合菜肴的其他要素综合考虑。

3. 搭配粤菜

粤菜即广东菜，口味清淡，清中求鲜，淡中求美，夏秋偏重清淡，冬春偏重浓郁，追求色、香、味、型，在很大程度上保持了原材料的原汁原味。鲁菜通常可以和清淡新鲜、适饮期较短的干型、半干型白葡萄酒或桃红葡萄酒搭配。

4. 搭配苏菜

苏菜即江苏菜，菜肴特点是浓中带淡，咸中带甜，鲜香酥烂，原汁原汤，口味平和，浓而不腻。在搭配葡萄酒时，大部分苏菜菜肴都可以选择中等浓郁程度的干型或半干型葡萄酒。苏菜注重本味的特点让"红酒配红肉，白酒配白肉"这一原则体现得淋漓尽致。

5. 搭配浙菜

浙菜即浙江菜，其主要特点是选料讲究、烹饪独到、注重本味、制作精细，风味多以咸甜、酸甜为主，这也就在一定程度上决定了浙菜适合与甜型或是半干型葡萄酒搭配，至于到底是选择白葡萄酒还是红葡萄酒，还要从菜肴的烹饪方式和原材料的选择上综合分析，不能一概而论。葡萄酒香气的浓郁程度也应该同菜肴风味的浓郁程度相匹配。

6. 搭配湘菜

湘菜即湖南菜，调味尤重酸辣，所制成的菜肴开胃爽口，在烹饪技艺上，湘菜以爆、炖、蒸、炒等诸法见称，其中爆功最为出色。正是湘菜这种酸辣的特点，也在一定程度上决定了湘菜与葡萄酒搭配的局限性，辣味在一定程度上会破坏葡萄酒的果香。首先对于辣味食品，一定要选择果香浓郁的葡萄酒，否则食物的味道容易将酒的味道完全掩盖；其次对于酸味菜肴，应该挑选酸度略胜一筹的葡萄酒。

7. 搭配徽菜

徽菜以烧、炖、熏、蒸菜品出名，善用火候，就地取材，力求菜肴之鲜美，而不像鲁菜那样寻求咸香,也不像川菜一般寻求辣香,因此,徽菜所配葡萄酒难以定论,需结合菜肴的原材料、调料和烹饪方法这三大要素综合分析然后进行选择。

8.搭配闽菜

闽菜即福建菜,以烹制山珍海味而著称,在色、香、味、形俱佳的基础上,尤以香、味见长,具有清鲜和醇、荤香不腻的特点,大部分闽菜可以与干白、起泡葡萄酒或是桃红葡萄酒搭配。

(资料来源:侍文院星级酒水营销与侍酒师服务课程)

思政园地

> 在社会发展和时代变迁的背景下,中国饮食文化也在不断创新和演变。传统的饮食文化与现代的烹饪技术相结合,形成了新的烹饪风格和菜肴,如创新的中式快餐、精致的高端餐饮等。酒店餐饮也要不断创新菜品,满足客人的多样化需求。

课堂实训

一、实训准备

(一)所需物品

每位学生1本菜单;每组一个直径1.8米的圆桌及10人位餐椅。

(二)实训内容

练习点菜服务,练习结束后,由本小组成员、其他小组成员和教师开展综合评价,并填入评分表。其中:本组打分占比30%;他组打分为其他小组打分的平均分,占比30%;教师打分占比40%。

二、任务评价

点菜服务任务评分表如表4-5-2所示。

表4-5-2 点菜服务任务评分表

评价项目	评分细则	分值	本组打分	他组打分	教师打分
物品准备	物品准备正确、充分	10			
操作过程	工作制服干净,仪容仪表符合要求	20			
	站位标准,手势正确	20			

续表

评价项目	评分细则	分值	本组打分	他组打分	教师打分
操作过程	点菜语言正确,推荐菜肴语言规范	20			
	复述语言正确	10			
	酒水点单语言正确	10			
结束工作	工作台整理干净	5			
	物品归位	5			
合计		100			

三、填充任务单

点菜服务步骤任务单如表4-5-3所示。

表4-5-3　点菜服务步骤任务单

任务内容	步骤
站位	客人点菜时,服务员应站客人＿＿,与客人保持一定距离,腰部稍弯,手持＿＿,给客人介绍和推荐菜品
点菜	认真倾听客人所点的＿＿,如点的菜已售完,应立即向客人表示＿＿,并婉转地向客人推荐其他＿＿的菜点;如客人点了＿＿时间较长的菜点,应向客人说明。适时推销菜肴,如本店的＿＿、本店厨师的＿＿、本店新推出的＿＿等。适时告知客人所点＿＿已足够,在为客人着想的同时,也使客人成为餐厅的＿＿
复述	当客人点完菜后,要将记录下的菜点向客人＿＿,请客人＿＿
酒水点单	服务员还应主动征询客人需要什么＿＿,根据所点的菜品推荐搭配适合的＿＿

项目五
餐间服务

项目导读

餐间服务是餐厅服务的中心环节,也是体现餐厅服务员服务技能和销售技能的重要环节,直接决定着餐厅的服务质量。熟练的餐间服务能够给客人带来高品质的用餐体验,能提高客人的满意度和餐厅的美誉度,对餐厅的运营至关重要。

项目目标

1. 掌握中餐零点、宴会的餐间服务要求;
2. 掌握上菜、分菜、斟酒、巡台服务技能。

任务一 上菜、分菜服务

知识准备

上菜、分菜是每个餐厅服务员应该掌握的基本技能,也是餐饮对客服务的重要环节,上菜、分菜技能水平高低直接影响酒店的服务质量。

一、上菜服务

上菜就是由餐厅服务员把后厨制作好的菜肴及其他食品按照一定的程序和规范端送上桌的服务。上菜是客人进餐服务过程中的核心环节,是餐厅服务员必须掌握的基本技能之一。上菜具有一定的规范和技巧,上菜的顺序和原则、上菜的位置、上菜的时机、上菜服务规范等都有讲究。因此,作为服务员应该熟练掌握上菜程序和上菜方法。

(一)上菜的顺序和原则

1. 上菜的顺序

中餐上菜顺序比较讲究,由于菜肴种类繁多,各地饮食习俗不一,因此中餐上菜时需因地制宜,合理安排。

一般上菜顺序:冷菜—热菜主菜(名贵菜)—一般热菜—汤—主食—点心—水果。

部分南方省份如两广地区上菜顺序:冷菜—汤—热菜主菜(名贵菜)—一般热菜—主食—点心—水果。

2. 上菜的基本原则

上菜一般遵循以下原则。

先冷后热:先上冷菜后上热菜。

先菜后点:先上菜肴后上主食点心。

先咸后甜:先上咸口菜肴后上甜口菜肴。

先荤后素:先上荤菜后上素菜。

先淡后浓:先上清淡菜肴后上味道浓郁的菜肴。

先优质后一般:先上优质菜肴如头菜、首菜,后上一般菜肴。

(二)上菜的位置、时机

1. 上菜位置

中餐零点服务中上菜的位置比较灵活,服务员应注意观察,以不打扰客人为原则。

宴会中上菜位置一般为陪同或翻译及次要客人之间。选择上菜位置时,应避免在主人和主宾之间上菜,避免在老年人或儿童身边上菜。

2. 上菜的时机

零点上菜服务中冷盘一般在客人点菜后10分钟内上桌,15分钟内上第一道热菜,热菜一般30分钟内上完,但注意以客人的需求为准,可灵活掌握。

宴会上菜要把握好时机,冷菜可在宴会开席前15分钟上好,客人入座开席后,开始上第一道热菜,紧接着上后面的菜。宴会上菜要注意观察客人用餐情况,控制上菜节奏,当席面上有了四五道菜后,就要放慢速度。宾主正式讲话、致辞、敬酒时不能上菜,以免影响宴会气氛。

多台宴会的上菜,要看主台或听指挥,做到行动统一,避免造成早上、多上、少上现象。一般先上主桌再上其他桌。

(三)上菜服务规范

上菜时应讲究服务规范,主要内容如下。

1. 上菜的服务流程

首先,询问客人开餐时间,并祝客人用餐愉快。

其次,准备菜品所配备的器具。

准备工作完成后等待传菜员按顺序逐项上菜。上菜时站在副主人右侧,把桌上菜品摆放均匀,腾出空间,将上的菜转至主人和主宾之间,报菜名,再请其品尝,核实无误划单。

2. 上菜的操作规范

(1)徒手端菜。

食指、中指、无名指勾菜盘的底边棱,拇指翘起稳压盘边,以正常步速至桌前,保持菜盘平稳,然后按上菜位置轻轻上桌。

(2)托盘上菜。

服务员将菜肴放在托盘内端托至餐桌前,左手托托盘,前迈右脚,侧身插站在两位客人之间,右手将要上的菜肴摆放在转台上,转至主人和主宾之间,报菜名(图5-1-1)。

图5-1-1　托盘上菜

3. 菜肴台面摆放规范

菜肴台面摆放规范一般要求:讲究造型美观,易于观赏,尊重主宾,注意礼貌,方便食用。

(1)菜肴对称摆放,讲究造型美观艺术。

菜品的摆放根据菜品原料、颜色、形状、口味、荤素、盛器、造型合理搭配,对称摆放,盘与盘之间距离相等。每上一道菜前,先将台面上的菜品位置调整或将菜品撤换,让台面始终保持整齐美观。

一般台面菜肴摆放可遵循"一中心""二平行""三三角""四四方""五梅花"等摆法。

"一中心"指一道菜摆在桌子正中心,如图5-1-2所示。

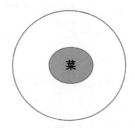

图5-1-2 "一中心"

"二平行"指两道菜摆成横直线或者竖直线,如图5-1-3所示。

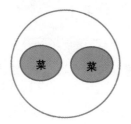 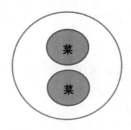

图5-1-3 "二平行"

"三三角"指三道菜摆成三角形,如图5-1-4所示。

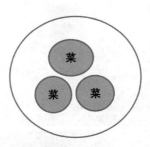

图5-1-4 "三三角"

"四四方"指四菜摆成四方形、菱形或正方形,如图5-1-5所示。

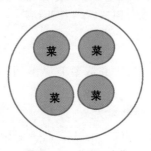

图5-1-5 "四四方"

"五梅花"指五道菜摆为梅花形状,如图5-1-6所示。

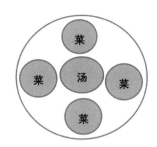

图 5-1-6 "五梅花"

(2) 易于观赏。

上有造型的菜时,如冷拼孔雀开屏、烤鸭八宝鸡等,主菜肴的看面应正对主位,其他菜肴的看面要朝向四周。如果有菜使用长盘,要横向朝着客人,菜肴最佳观赏面横向朝着主宾和主人。

(3) 尊重主宾。

主宾是服务的重点对象。因此,挪盘时要向陪同或次要客人方向移动。每上一道热菜供大家观赏后转至主宾面前,请其先品尝。

(4) 注意礼貌。

上菜时动作轻、稳,注意使用礼貌用语,并做好提醒工作;上热菜中的整鸡、整鸭、整鱼时,中国传统习惯是"鸡不献头,鸭不献掌,鱼不献脊"。

(5) 方便食用。

台面菜肴摆放应方便客人取用。每上一道菜应先移好上菜位后再上菜,有酱料的菜先上酱料再上菜;一般主菜、高档菜或名贵菜摆放餐桌中间位置。

4. 几种特殊菜肴的上菜方法

(1) 容易变形的菜肴。

一般上容易变形的菜肴要及时,动作要轻,以保持菜品的温度、形状和风味最佳。

(2) 锅巴类菜肴。

锅巴类菜肴一出锅就要快速上菜,随即把汤汁浇在锅巴上,使客人能听到汤汁浇在锅巴上的声音,要注意浇汁动作要迅速连贯,否则会失去应有的效果。

(3) 原盅炖品菜肴。

要当着客人的面启封原盅炖品菜肴,以保持炖品的原汁原味,并使客人能闻到散发出的菜肴香气,注意起盖时要将盖子翻转移开或用垫碟托住盖子,以防汤水滴洒到桌上或客人身上。

(4) 泥纸包、荷叶包菜肴。

泥纸包、荷叶包菜肴应先端上供客人观赏整体菜品后,再拿到边台上拆开泥、叶等,再上桌请客人食用,保持菜肴风味。

(5) 铁板类菜肴。

铁板类菜肴用盖半护着,开盖倒油、香料,以防油溅到客人和自己。

(6)汤类、火锅、锅仔类菜肴。

上这类菜肴要注意防火,下面须放垫盘。

(7)佐料菜。

佐料菜如北京烤鸭等,要将配有的葱、酱、饼等一起上齐,并可略作说明。

(8)凉菜。

凉菜,如潮式卤水拼盘等,上菜时要上白醋。

(9)温度高、易烫口的菜。

温度高易烫口的菜,如拔丝菜、汤包等菜肴,上菜时应提醒客人防止烫伤,拔丝类菜肴还需要用汤碗盛装凉开水,将拔丝菜放进凉开水中浸一下,动作要求快速、连贯,防止糖汁凝固。

5.报菜名

上菜时要主动报菜名,遇到特色菜肴和有名菜肴要简单介绍制作工艺和典故,报菜名时要准确,中餐菜名一般分为写实型菜名、寓意型菜名和仿真型菜名。

写实型菜名又分为原料写实型菜名、烹调方法写实型菜名、食用方法写实型菜名:原料写实型菜名如腰果鸡丁、仔姜炒鸭、酸菜鱼等;烹调方法写实型菜名如烤鸭、清蒸鱼、炖猪蹄等;食用方法写实型菜名如手扒羊肉、手抓饭、拔丝苹果、涮羊肉等。

寓意型菜名如诗礼银杏、贵妃鸡、叫花鸡、西湖醋鱼、佛跳墙、麻婆豆腐、宫保鸡丁等。

仿真型菜名多见于素菜荤名,如赛熊掌、烧鹅脖、赛螃蟹等。

介绍菜品的方法如下:可以从原材料特点进行介绍;可以从烹调方法特点进行介绍;可以从菜品特色进行介绍;可以从菜品口味特点进行介绍;可以从特殊食用方法进行介绍。

介绍菜品的原则主要有以下几点。

(1)要对自己经营销售的菜肴食品有全方位的了解,不可一知半解。

(2)既要了解一般的烹调方法与技巧,同时也要掌握特殊烹调方法的关键知识点。

(3)介绍菜品要真实、可信,不做人为的夸张与渲染。

(4)介绍菜品时,语言清晰、简练,不可含糊啰唆。

(5)介绍菜品典故与传说时,应带给客人愉悦感。

6.上菜注意事项

(1)服务员将菜上桌前,要仔细核对台号、品名和分量与菜单是否相符,检查菜品餐具有无破损及清洁度,检查菜品辅料及辅助工具是否配齐。

(2)上菜时要注意上菜卫生,切忌将手指伸入菜盘内。

(3)上菜时要确保操作安全,要端平走稳,轻拿轻放;注意使用礼貌语言:"对不起,打扰一下。"严禁将菜肴从客人肩上、头上越过,以免发生意外;上汤时双手捧上,以防洒在客人身上。

(4)报完菜名礼貌表示:"请慢用。"

(5)上菜时要及时整理台面,留出空间,以便后面菜品摆放,严禁盘子叠盘子。

(6)上带有佐料的菜肴,要先上配料后上菜,要一次上齐,切勿遗漏。

上菜时,应注意防止出现空盘空台的现象,也要防止上菜过勤,出现菜品堆积现象。

(7)上最后一道菜时要主动告知客人:"您的菜已上齐,还需要什么请随时吩咐。"或"您的菜已经上齐,请问还需要点什么?"适时做二次推销。

操作规范

上菜的操作规范如表5-1-1所示。

表5-1-1　上菜的操作规范

操作内容	动作规范
上菜准备	(1)准备上菜工具:托盘、菜肴服务工具等。 (2)菜单准备:熟悉菜单,核对台号、品名、分量,避免上错菜,检查盘边卫生
徒手上菜服务	食指、中指、无名指勾菜盘的底边棱,拇指翘起稳压盘边,以正常步速至桌前,保持菜盘平稳,然后按上菜位置轻轻上桌
托盘上菜服务	(1)服务员将菜肴放在托盘内端托至餐桌前,左手托托盘。 (2)右脚在前,左脚在后,侧身插站在两位客人(通常是陪同或者次要客人)之间,右手或双手将菜品轻放在转台上。 (3)将转台上的菜品以顺时针方向转至主人和主宾之间,退后一步,用手示意菜盘,同时清晰、响亮、准确地报菜名

二、分菜服务

分菜服务是服务员将已经送上桌的菜肴分派给每位客人的服务过程,也是服务员必须掌握的基本技能。

分菜的工具一般有叉、勺、筷子、分汤羹、长柄汤勺等。

(一)分菜的方式

1. 餐位分菜式

餐位分菜式就是服务员先将菜肴摆上餐桌,客人观赏后将其撤下,然后服务员左手托住菜品,右手持分菜工具,在客人左侧,左脚向前,侧身而进,将要分让的菜品用分菜叉勺派送到客人餐盘中,从主宾开始,按顺时针方向进行的一种分菜方法,一般适用于热炒菜和点心。

2. 桌上分让式

桌上分让式又称转台分菜法,可分为单人分菜式和双人合作式。

(1)单人分菜式。

服务员在客人右侧,先将菜品端送上桌,客人观赏后摆上新的餐具,用公用叉勺将菜分至餐碟中,然后拨动转盘,按先宾后主的顺序,将菜肴送到客人前面,请客人自取或协助客人拿取。

(2)双人合作式。

由两位服务员相互配合,一位服务员持分菜工具在客人右侧负责分菜,另一位服务员把客人面前的餐具放到餐盘斜上方,第一位服务员站在固定位置用分菜工具将菜分好放入餐具中,再由第二位服务员将餐具送回到客人席面上。

3. 旁桌分让式

旁桌分让式也称为服务台分菜法,即服务员在客人右侧,先将菜品端送上桌,客人观赏后,服务员将菜撤到工作台,接着摆上新的餐具,服务员手持分菜工具将菜分到餐具中,然后服务员用托盘把装上菜肴的餐具按先宾后主的形式从客人右侧依次顺时针上桌。

4. 厨房分菜式

厨房分菜式是将制作好的菜肴直接在厨房或备餐间分派好,然后服务员用托盘从客人右侧上菜。

(二)分菜的手法

分菜的手法分为单手分菜法和双手分菜法。

1. 单手分菜法

无名指在上,小指和中指在下,三指一起固定勺,再用拇指和食指夹住叉,一起配合使用叉勺进行分菜(图5-1-7)。

2. 双手分菜法

可以是右勺左叉、右刀左叉,或者左手持勺或叉,右手持筷子或勺子,配合进行分菜(图5-1-8)。

图5-1-7　单手分菜法

图5-1-8　双手分菜法

(三)代表性菜肴的分菜方法

1. 鱼类菜肴分法

分鱼类菜肴时要先剔除鱼骨,具体方法如下:用服务叉压住鱼头,右手持餐刀,先将鱼身上的其他配料拨到一边,用餐刀顺脊骨或鱼中线划开,将鱼肉分开,剔出鱼骨后,再将鱼肉恢复原样,浇上原汁,注意不要将鱼肉戳碎,要尽量保持鱼的原形。再用餐刀将鱼肉切成若干块,按宾主先后次序分派。

2. 拔丝菜肴分法

拔丝菜肴必须配上凉开水。分让时用公用筷将菜肴夹起,迅速放入凉开水中浸一下,然后送入客人碗中,要注意拔丝的效果,分让动作要敏捷、连贯,做到即拔、即上、即浸、(桌上)即食。

3. 鸡、鸭等整形类菜肴分法

分鸡、鸭等整形类菜肴要先用刀、叉剔去骨头,分让时要按鸡、鸭类菜肴的自身结构来分割及分派,要保持其形状的完整和均匀,一般头尾不分派,由客人自行取用。

(四)分菜的注意事项

(1)注意卫生,不能将掉在桌上的菜肴再分给客人,手拿餐碟的边缘,避免污染餐碟。

(2)服务员分菜时要轻、快、准,不可到最后一位客人时菜已放凉。

(3)分菜时,要做到心中有数,给每位客人的菜量要大致均等。

(4)带骨的菜肴,骨与肉要分得均匀,头、尾、翼尖的部分不能分给客人。

(5)带佐料的菜肴,分菜时要跟上佐料并略作说明。

操作规范

分菜的操作规范如表5-1-2所示。

表5-1-2　分菜的操作规范

操作内容	动作规范
餐位分菜式	(1)将菜肴摆上餐桌,客人观赏后将其撤下; (2)左手持垫巾托住菜盘,右手持分菜工具; (3)站于客人左侧,左脚向前,侧身而进; (4)将要分让的菜品用分菜叉勺派送到客人餐盘中; (5)从主宾开始,按顺时针方向进行

续表

操作内容	动作规范
桌上分让式	单人分菜式： (1)在客人右侧，将菜品端送上桌，客人观赏； (2)摆上新的餐具； (3)用公用叉勺将菜分至餐碟中； (4)拨动转盘，按先宾后主的顺序，将餐碟菜肴送到客人前面，请客人自取或协助客人拿取。 双人合作式： (1)服务员1持分菜工具，在客人右侧负责分菜； (2)服务员2把客人面前的餐具放到餐盘斜上方； (3)服务员1站在固定位置用分菜工具将菜分好放入餐具中； (4)服务员2将餐具送回到客人席面上
旁桌分让式	(1)将菜肴放在托盘内端托至餐桌前，左手托托盘； (2)右脚在前，左脚在后，侧身插站在两位客人之间，右手或双手将菜品轻放在转台上； (3)退后一步，用手示意菜盘，将菜肴名称准确、清晰、响亮地向客人报上； (4)按顺时针方向旋转一圈，等客人观赏完后，将菜洒到工作台上； (5)摆上新餐具，手持分菜工具将菜分到餐具中； (6)用托盘把装上菜肴的餐具以先宾后主的形式从客人右侧依次顺时针上菜
厨房分菜式	(1)将制作好的菜肴直接在厨房或备餐间分派好； (2)服务员用托盘从客人右侧上菜

思政园地

趣说中国菜名

中国菜色、香、味俱佳是世界公认的，除此之外，中国菜名也令人回味无穷。中国菜的取名多种多样，极为经典且甚为讲究，既融入了人文、历史、地理等背景，又包含了神话、民俗、传说的意境，在世界饮食文化之林中，堪称一绝。

用古代官衔、吉祥之意、值得庆贺的事情等命名，如"一品燕窝""三元鱼脱""四喜丸子"等；用吉祥尊贵的动物命名，如"麒麟鳜鱼""鸳鸯火锅"等；还可以以诗歌名句命名，强调菜肴的艺术性，赋予其诗情画意，如"掌上明珠""百鸟归巢""一行白鹭上青天""鸳鸯戏水"等；以良好祝愿命名也很常用，强调幸福美好的祝愿，使人心情舒畅，如"鲤鱼跳龙门""全家福""母子会"；以谐音命名也不少，如"霸王别姬"等；还有以历史典故或传说命名、以盛器和主料命名，以人物的姓名命名的。

我国的饮食文化不仅源远流长，更是蔚为大观，其名字优美曼妙，充满诗情画意，令人赏心悦目。这不仅体现了我国餐饮文化的博大精深，更体现了人民的智慧。同学们要加强自身传统文化修养，才能更好地领略其中的魅力和奥妙。

课堂实训

一、实训准备

（一）所需物品

托盘、各模拟菜肴、菜单、工作台、服务叉、服务勺、长筷子、长柄勺等。

（二）实训内容

练习上菜的顺序、上菜的位置、动作及报菜名等。练习结束后，由本小组成员、其他小组成员和教师开展综合评价，并填入评分表。其中：本组打分占比30%；他组打分为其他小组打分的平均分，占比30%；教师打分占比40%。

二、任务评价

上菜评分表如表5-1-3所示。

表5-1-3　上菜评分表

评价项目	评价内容	分值	本组打分	他组打分	教师打分
服务礼仪	仪容仪表	5			
物品准备	物品准备正确、充分	10			
操作过程	检查菜品	10			
	端送菜品	10			
	上菜顺序	10			
	上菜位置	15			
	上菜动作规范性	15			
	报菜名	5			
	安全卫生	10			
结束工作	工作台整理干净	5			
	物品归位	5			
合计		100			

任务二 酒水服务

知识准备

酒水在餐饮里占有着非常重要的地位。无酒不成席,客人到餐厅不仅用餐,还需要享受酒水服务。服务员必须熟练掌握酒水服务的服务流程及操作规范,为客人提供优质的酒水服务。

一、酒水服务准备工作

在进行酒水服务之前,要做好酒水服务准备工作,主要是让酒水达到最佳饮用温度和准备酒具。

(一)达到最佳饮用温度

正如我们所了解的一样,65℃的茶香气最浓,60~65℃的汤最美味,8~10℃的西瓜口感最好,6℃的冰激凌最好吃,那么酒类的温度为多少口感最好呢？不同的酒在不同的温度下口感不一样。有些在低温时口感风味更佳,有些则需高温才能品出独特风味。各类酒水的最佳饮用温度如表5-2-1所示。

表5-2-1　各类酒水的最佳饮用温度

酒　类	最佳的饮用温度
白酒	常温
黄酒	加温,通常35~45℃
桃红葡萄酒	8~12℃
陈年红葡萄酒	12~18℃
白葡萄酒	8~12℃
香槟或气泡葡萄酒	4~8℃
啤酒	4~12℃

为了让酒达到最佳的饮用温度,通常可以采取冰镇和温酒的方式进行。

1. 冰镇

酒水冰镇有以下几种方法。

(1) 冰块冰镇法。

将冰块放入冰桶内,将酒瓶插入冰块中约10分钟,即可达到冰镇的效果。

(2) 冰箱冷藏法。

用冰箱冷藏酒水,注意冷藏温度在0℃以上。

(3) 溜杯法。

服务员手持酒杯下部,杯中放入冰块,摇转杯子,以降低杯子的温度。

2. 温酒

有些酒水为了获得其独特的味道,或者是某些饮用习惯,需要对酒水进行加温,如黄酒的酒温为40℃左右达到最佳饮用口感。温酒需在客人面前进行。可以采取水烫、烧煮、燃烧、冲泡方式等进行。

(二) 准备酒具

餐桌上造型各异、干净美观的酒杯,能很好地增加用餐氛围,甚至有些酒杯是为某种酒而特定设计的,因此,在酒水服务前,准备好相应酒杯是非常重要的,不同的酒使用不同的酒杯。如喝白兰地酒的时候就需要准备白兰地杯,啤酒杯一般容量比较大、杯壁厚,可以很好保持它的冰镇温度。中国白酒因为大多酒度数高、比较烈,因此喝中国白酒的酒杯比较小巧精致,可以是瓷的,也可以是玻璃的,既能够让人感觉杯中酒的珍贵,又方便一饮而尽,体现中国人的热情和豪爽。各种类型的酒具如图5-2-1所示。

图 5-2-1　酒具

二、酒水服务的程序

(一) 检查酒水质量

服务员在为客人开酒前,要对酒水进行检查,避免酒水过期或在运输途中有破损。主要检查酒标是否破损,酒瓶中是否有悬浮物或沉淀物,酒水是否浑浊,酒瓶是否破裂,酒水是否在保质期内等。检查酒水质量如图5-2-2所示。

图 5-2-2　检查酒水质量

（二）示酒

开酒前，服务员需要把客人点的酒特别是比较名贵的酒向客人展示并获得确认，目的是让客人核实所点的酒水品牌、年份等信息，如有误，应立即更换。

示酒的时候服务员站在点酒客人（一般是主人）的右侧，身体微前倾，右脚往前跨进一步，左手托瓶底，右手扶瓶颈。酒的标签朝上，距客人面部约50厘米，方便客人检验。左手与瓶底之间垫一块干净、整齐的餐巾（图5-2-3）。

图 5-2-3　示酒

（三）开瓶

酒瓶的封口一般常见的有瓶盖和瓶塞。开瓶指开启酒瓶或瓶塞，开瓶时应使用正确的开瓶器具。开瓶盖一般用启盖扳手，还可以用专门开启瓶塞用的酒钻。

1. 葡萄酒的开启

开启葡萄酒时用专业的酒钻和酒刀，如海马刀、蝶形开瓶器、简易开瓶器等。

开瓶的规范操作如下。把酒瓶置于桌上进行开启，用酒刀把瓶塞外面的锡箔纸割开，用干净餐巾擦拭瓶口，接着用酒钻对准瓶塞中心钻下去，然后加压顺时针旋转酒钻，直至酒钻螺旋部分没入塞内，然后利用杠杆原理起拔杠杆下压，使瓶塞升起直至拔出。开瓶后,逆时针旋转瓶塞,取出后放到小碟上,与酒水一起呈送客人。在开瓶过程中,动作要轻,尽量减少酒瓶的晃动,开瓶后用干净的餐巾把瓶口擦拭干净。葡萄酒的开启如图5-2-4所示。

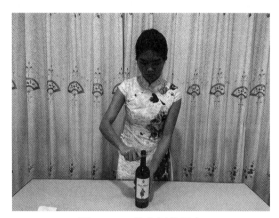

图 5-2-4　葡萄酒的开启

2. 香槟酒的开启

把香槟酒瓶置于桌上,瓶口朝上或稍加倾斜,切忌对着人,开瓶时,先用右手撕开香槟酒盖外的金属箔,然后左手斜握瓶颈,大拇指按压瓶盖,倾斜45°角,右手扭开瓶盖上的铁丝,用一块干净的餐巾紧压瓶塞的上端,左手轻轻转动酒瓶,靠瓶内的压力把瓶塞顶出来。瓶塞顶出后,要继续使酒瓶保持45°角,以防酒液喷射到自己或客人身上。

(四)试饮

葡萄酒开瓶后,需要给试酒者(通常是主人)先试酒。葡萄酒在储藏或运输过程中,有一定概率会坏掉,比如储藏中的受热涨塞,导致空气进入而导致酒的氧化,还有可能是软木塞污染(小概率)。葡萄酒要尝过,才能真正确认是否状态良好。如果客人通过试酒,发觉这瓶酒已经坏掉,可以要求餐厅重新换一瓶。服务员重新给客人拿一瓶酒,当试酒者(或主人)确定这款酒的香气、颜色、味道都正常,服务员再继续进行酒水服务。

(五)斟酒

斟酒是餐厅酒水服务工作的重要内容之一。斟酒操作技术动作正确、迅速、优美、规范,往往会给客人留下美好印象。服务员给客人斟酒时,一定要掌握动作的分寸,不可粗鲁失礼,不要讲话,姿势要优雅端庄,注意礼貌、卫生。服务员娴熟的斟酒技术及热忱周到的服务,会使用餐的客人得到精神上的享受与满足。

1. 斟酒方式

斟酒的方式有桌斟(图5-2-5)和捧斟(图5-2-6)。桌斟又分为托盘斟酒和徒手斟酒。

图 5-2-5　桌斟

图 5-2-6　捧斟

2. 斟酒规范操作

(1)托盘斟酒。

托盘斟酒时，服务员应站在客人右后侧；先向客人打招呼或示意客人选用酒水；斟酒时，站在客人右后方，右脚往前跨进一步，呈"T"字形侧身站立，重心前移至右脚，注意身体不要紧贴客人和桌子；左手托托盘向外拉开，避免碰到客人。右手持酒瓶下半部，酒标朝向客人；靠近杯口，手臂自然弯曲，将酒水斟入杯中，用腕力和手指的力量控制酒液的流速；瓶口不可搭在酒杯口上，以距离2厘米为宜；斟酒适量后，将瓶口轻微抬起，顺势旋转45°，然后收瓶，将酒瓶放入托盘中。托盘斟酒如图5-2-7所示。

(2)徒手斟酒。

徒手斟酒时，服务员应站在客人右后侧；左手持干净餐巾背在身后，右手按托盘斟酒的姿势斟酒；斟酒适量后，左手用餐巾将瓶口擦拭干净。徒手斟酒如图5-2-8所示。

图 5-2-7　托盘斟酒

图 5-2-8　徒手斟酒

3. 斟酒注意事项

(1)斟酒时酒标朝向客人。

(2)服务红酒时要先为客人试酒，先倒1/3，客人品鉴过没问题再继续斟酒。

(3)所有酒水服务都应在客人右边进行，不可"左右开弓"，不能站在一个位置为左右两位客人斟酒，不能隔位斟酒。

(4)斟酒应从主宾开始，按顺时针方向绕台进行。

(5)斟酒时,瓶口不可靠在酒杯口上,但也不宜过高,过高容易溅出杯外。

(6)瓶内酒越少,出口的速度越快,因此随时要调整好酒瓶的倾斜度。

(7)斟啤酒等发泡酒,因泡沫较多,倒的速度应慢些或让酒沿着杯壁流下,但斟酒时不可用手拿杯。

(8)香槟酒、白葡萄酒一般需冷藏,如果是从冰桶里拿出,应用餐巾包住瓶身斟酒,以免水珠滴洒在客人身上,剩余的酒应马上放回酒桶以保持酒的温度。

(9)斟酒时不能有滴酒。

4. 斟酒的量

不同酒类斟酒量不同,不同容量的酒具的斟酒量也有所不同,但就一般情况而言:

(1)白酒斟八分满;

(2)红葡萄酒斟1/2杯;

(3)白葡萄酒斟2/3杯;

(4)香槟或气泡葡萄酒先斟1/3杯,待泡沫平息后,再斟1/3,斟至2/3杯或3/4杯;

(5)啤酒沿着杯壁缓慢斟倒,斟8分满,留2分泡沫;

(6)白兰地斟1/5杯(将白兰地杯横放,酒不溢出杯口)。

注意,斟酒还要根据客人意愿。

5. 斟酒的顺序

斟酒时从主宾开始,按顺时针方向进行。如两名服务员同时为一桌客人斟酒,则一个从主宾开始,另一个从副主宾开始,按席位绕台斟酒。

在我国一些地方和其他一些亚洲国家的宴席中,先为年长者或尊者斟酒,先男士再女士。

6. 斟酒的时机

一般重要或大型宴会开始前5~10分钟服务员要将白酒和葡萄酒先斟好。

客人入座后,服务员及时询问客人是否先喝些啤酒、饮料等后,再为客人斟倒。

宴会进行中,主宾讲话致辞时,服务员要停止一切活动,站在工作台两侧,讲话结束时,及时添加酒水。

客人干杯前后及时添斟。

客人互相敬酒时,要随敬酒客人及时添酒。

随时观察每位客人酒水的饮用情况,当客人杯中酒液不足1/3杯时,就应征询客人的意见,及时添斟。

操作规范

斟酒的操作规范如表5-2-2所示。

表 5-2-2　斟酒的操作规范

操作内容	动作规范
托盘斟酒	站在客人身后右侧； 向客人打招呼或示意客人选用酒水； 右脚往前跨进一步，左脚在后，呈"T"字形侧身站立，重心前移至右脚，注意身体不要紧贴客人和桌子； 左手托托盘并向外展开，避免碰到客人； 右手持瓶下半部，酒标朝向客人； 靠近杯口，瓶口在酒杯口上方2厘米处； 手臂自然弯曲，将酒水斟入杯中，用腕力和手指的力量控制酒液的流速； 斟酒适量后，将瓶口轻微抬起，顺势旋转45°，然后收瓶，将酒瓶放入托盘中
徒手斟酒	站在客人身后右侧； 向客人打招呼； 右脚往前跨进一步，左脚在后，呈"T"字形侧身站立，重心前移至右脚，注意身体不要紧贴客人和桌子； 左手持干净餐巾背在身后； 右手持瓶下半部，酒标朝向客人； 靠近杯口，瓶口在酒杯口上方2厘米处； 手臂自然弯曲，将酒水斟入杯中，用腕力和手指的力量控制酒液的流速； 斟酒适量后，将瓶口轻微抬起，顺势旋转45°，用左手餐巾将瓶口擦拭干净，然后收瓶
捧斟	一手握瓶，另一手将酒杯捧在手中，站在客人的右侧，向杯内斟酒； 斟酒动作应在台面以外的空间进行，然后将斟好的酒杯放置在客人的右手处； 注意，捧斟适用于酒会和酒吧服务，以及非冰镇处理的酒水

思政园地

创新服务案例：厦航"天际侍酒师"特色服务

厦门航空公司经过调研，发现机上酒水服务是航班高端服务重要的组成部分，对提升旅客的乘机感受非常重要。因此重点推出"天际侍酒师"特色服务项目。

"天际侍酒师"特色服务从酒单的设计到服务团队的组建，厦航都追求精益求精，精选独一无二的机上佳酿，打造专业的侍酒师团队，提供高水准的侍酒服务。公司邀请专家从108款葡萄酒中精选出26款红、白葡萄酒，在酒单结构设计上精益求精。每一期的"天际侍酒师"均要通过严格的培训和多轮的考核才可获得公司认证。想要成为一名厦航"天际侍酒师"，要通过B787转机型培训、国际品酒师或侍酒师认证、组织内部推荐、部门侍酒师理论和实操培训，以及多次的实操考核等。公司对每一个侍酒师的每一个服务环节都悉心指导和严格要求,厦航目前已有超过1000名空中乘务员考取了不同等级的国际侍酒师或品酒师资质,仅有两批次约96名侍酒师获得公司"天际侍酒师"认证。

经过全方位的打造,"天际侍酒师"服务不仅成了为厦航洲际航班精品服务项目,不少旅客反馈为了体验"天际侍酒师"服务专门选乘厦航。该项服务也逐渐奠定了厦航在国内航司中创新服务的先驱地位。

厦航服务案例给我们的启示是我们要在工作中精益求精,并具有创新服务意识,才能在激烈的竞争中脱颖而出。

知识拓展

黄酒的服务程序与规范

黄酒源于中国,唯中国独有,是中国特色酒品。黄酒有4000年以上的酿造发展历史,与啤酒、葡萄酒并称世界三大古酒。

1. 准备工作

(1)准备干净的小酒杯。

(2)准备干净的公杯。

(3)准备温酒及配料。

2. 酒的展示

(1)客人点用黄酒后,至酒柜选取黄酒。

(2)用餐巾垫着黄酒瓶向客人展示,商标应朝向客人,并告诉客人需等候的加热时间。

3. 酒的服务

(1)将黄酒倒入温酒壶中,再将温酒壶放入盛有开水的加热桶内略加热。

(2)左手拿餐巾,右手从加热桶中拿出温酒壶,用餐巾将壶底擦干净,将温过的黄酒倒入公杯中。

(3)依客人需求加入配料。

(4)斟酒时,右手拿公杯,从客人右侧为客人斟酒,斟至8分满时即可。

(5)斟完酒后,将公杯内倒满黄酒,并将公杯放在转台上或是摆在客人桌边。

(6)随时为客人添酒。

(7)随时更换热水以保持黄酒的温度。

(8)当温酒壶中的酒倒完时,马上将酒坛中的酒倒入温酒壶中继续加热。

(9)当酒坛中的酒将要倒完时,询问主人是否再加酒,如需要则服务程序同上。

课堂实训

一、实训准备

(一)所需物品

托盘,餐巾,装水红酒瓶、白酒瓶等,红酒杯、白酒杯,备餐台。

(二)实训内容

练习托盘斟倒5人位红酒和白酒。练习结束后,由本小组成员、其他小组成员和教师开展综合评价,并填入评分表。其中:本组打分占比30%;他组打分为其他小组打分的平均分,占比30%;教师打分占比40%。

二、任务评价

托盘斟酒评分表如表5-2-3所示。

表5-2-3　托盘斟酒评分表

评价项目	评价细则	分值	本组打分	他组打分	教师打分
服务礼仪	仪容仪表、礼貌用语	5			
物品准备	物品准备正确、充分	5			
操作过程	托盘装酒合理、正确	5			
	站位准确	5			
	服务顺序正确	10			
	托盘姿势和斟酒站立姿势标准	15			
	拿瓶手法正确	5			
	倒酒高度合适	5			
	倒酒动作规范标准	15			
	酒量正确	5			
	收瓶动作规范标准	5			
	无滴洒(洒1滴扣2分、2滴4分,洒一摊水不得分)	10			
结束工作	工作台整理干净	5			
	物品归位	5			
	合计	100			

任务三 巡台服务

高质量的服务体现在细微处。客人开餐后,服务员要时刻关注客人的用餐情况,随时巡视客人的台面并做好服务工作,及时发现客人需要的服务并立即完成,巡台服务工作主要有以下几种。

一、撤换骨碟、汤碗等餐具

将客人进餐中不使用的餐具撤掉,再将客人所需的餐具摆好。

如客人的骨碟中盛了骨头或其他杂物,应及时更换干净骨碟。无论客人的骨碟上有没有骨头或剩菜,撤盘前服务员都应征求客人的同意。

为了避免跟其他菜品味道相混,一般用完汤后需更换一套干净的碗勺。

撤换骨碟等餐具时,服务员准备好足量、干净、完好的骨碟、汤碗勺等餐具放于托盘上,从客人右侧进行,右脚在前,左脚在后,左手托盘,右手从客人的右边依次撤去脏的餐具,再换上干净的餐具,并使用礼貌用语(伸手示意):"打扰一下,给您换一下骨碟可以吗?"当客人帮着拿骨碟(及提供了帮助)时应说:"谢谢"。从主宾开始,顺时针依次进行。

注意,撤换餐具过程中,脏餐具和干净的餐具要严格分开,避免污染。随时调整托盘重心,物品合理摆放。如果餐桌上、台布下有食物掉下,用方便的工具取走并清理干净,严禁用手抓。

二、整理台面

随时与厨房联系调整出菜速度,及时整理台面。当客人食用完一道菜品,在征得客人同意后撤换下来。如有多道菜,当菜盘还有少量余菜时,可在征得客人同意后换成小碟。及时整理好台面,保持台面整洁美观。

三、添加酒水、饮料

根据客人用餐的情况及时给客人添加酒水、饮料等,如酒水倒完,可询问客人是否再加购,适时引导二次消费。

四、更换烟灰缸

当发现烟灰缸中有两个以上烟蒂或其他杂物时,应立即撤换。撤换烟灰缸时,将干净的烟灰缸放在托盘内,数量应比更换的多一个。服务员站在客人右侧进行,左手托盘，右手将干净的烟灰缸叠放在用过的烟灰缸上，将两只烟灰缸一起拿到托盘上，再将干净的烟灰缸摆放到原位。撤换烟灰缸时，动作宜轻快，同时防止烟灰到处飞。

五、解决疑难问题或突发事故

及时处理客人在用餐过程中出现的各种问题。

如碰脏的餐盘及掉落的刀、叉、勺、筷子等需要更换时，或是客人碰翻茶杯时，服务员应安抚客人，并及时更换新餐具。

如遇到客人催菜，应及时与后厨联系，尽快上菜。点菜后30分钟，应检查客人的菜是否上齐，如未上齐，应及时查询。如发现有错漏现象，应马上向有关部门反映，请厨房为客人补烹，尽量缩短客人候餐时间，同时向客人道歉，请求原谅。

遇到客人喝醉，及时送上毛巾、热茶等，并汇报领班。

当客人用餐完毕，征得客人同意后，除了茶具、烟灰缸和有饮料的杯子外，其他餐具服务员应当全部撤掉，保持台面整洁。收餐具时不能催促客人，操作时要小心谨慎，绝对不能将菜汁汤水溅到客人身上，或是淋在台面或地上。

思政园地

巡台不仅能及时发现问题、解决问题，还能在突发事件发生时第一时间处理。就像军队只有在打仗的时候才能看出平时的训练成果，餐厅平时不会留意的问题，会在最忙的时候体现出来，这正是及时检验和改正的时候。为加强餐厅的服务意识，提高服务质量，就餐中的巡台工作是至关重要的。主管级以上管理人员，要深刻认识巡台工作的意义，并按照规定严格检查、监督、巡视。

任务考核

一、填空题

1.撤换餐具时，从客人_____侧进行_____，_____脚在前，_____脚在后，手托盘，_____手从客人的右边依次撤去脏餐具，再换上干净的碟餐具。

2.撤换餐具从_____开始，_____依次进行。

3.当发现烟灰缸中有_____个以上烟蒂或其他杂物时，应立即撤换。

二、多项选择题

1.遇到客人喝醉，应采取的处理措施是（　　）。

A.叫醒客人　　　　　　　　B.及时送上毛巾

C.递上热茶　　　　　　　　D.汇报领班

2.当客人用餐完毕后,为保持台面整洁,在征得客人同意后,服务员除了(　　)外其他餐具全部应当撤掉。

A.骨碟　　　　B.茶具　　　　C.味碟

D.烟灰缸　　　E.有饮料的杯子

三、简答题

如遇到客人催菜,应如何处理?

项目六 餐后服务

 项目导读

餐后服务通常包含结账服务、送客服务和收尾工作三大部分。餐后服务是餐厅服务的最后一环,餐厅服务员必须做好此环节的服务工作,从而提升酒店形象和客人满意度。

 项目目标

1. 掌握结账方式的种类;
2. 掌握结账服务的流程;
3. 掌握送客服务的流程;
4. 掌握收尾工作流程。

任务一 结账服务

知识准备

结账服务是餐后服务的重要程序,客人可以到收银台付款结账,也可以由餐厅服务员为客人结账。

一、结账的方式

常见的结账方式有现金结账、签单结账、支票结账、信用卡结账、移动支付结账等。

（一）现金结账

现金结账指客人直接使用现金进行结算。当客人支付现金时，餐厅服务员应在客人面前清点现金数额，并请客人稍等片刻，迅速将账单和现金交给餐厅收银员，餐厅收银员结账完毕后，需将账单和所找回的零钱递交给客人，并真诚地向客人表示谢意，待客人确定所找回的零钱正确无误后，方可离开。

（二）签单结账

签单结账又称挂账，指酒店为了方便住店客人，允许酒店住店客人在餐厅消费后无须立即结账，只要在账单上签字，在客人离店时统一结算房费与餐费。

签单结账流程如下。

(1)餐厅服务员请客人出示房卡。

(2)餐厅服务员为客人递送上账单和笔，引导客人在账单上写清房间号和名字，待客人签好账单后，告知客人稍等片刻。

(3)餐厅服务员将签好的账单快速送回收银处，请收银员核对，核对无误后，告知客人已完成入账，并真诚地向客人表达谢意。

（三）支票结账

若客人采用支票支付，餐厅服务员应请客人出示身份证并注明联系电话，然后将账单、支票及证件同时送给收银员，收银员结账完毕并记录下证件号码及联系电话后，餐厅服务员将账单客户联及支票存根核对后送还给客人，并真诚地向客人表示谢意。若客人使用密码支票，应请客人直接在支票密码栏中填写密码。

（四）信用卡结账

若客人使用信用卡支付，餐厅服务员应请客人移步至收银处划卡结账，待收银员打印好信用卡收据后，将信用卡收据、账单、信用卡交给客人，并请客人在信用卡收据上签字，然后检查客人签名是否与信用卡上的签字一致。

（五）移动支付结账

随着互联网科技的快速发展，现在餐厅大多采用移动支付的方式进行结账，常见的支付方式有微信支付、支付宝支付等。客人结账时需使用手机扫描餐厅的收款二维码完成支付，或是由餐厅收银员扫描客人手机支付界面二维码完成支付。采用移动支付方式结账时，餐厅收银员要注意核查所付款项是否到账，以及收款数额是否正确。

二、结账时突发事件的处理

(一)客人反映账单不正确

(1)如客人反映账单不正确,餐厅服务员注意不要和客人发生争执,应立即与客人一同核查所上菜肴、酒水及其他消费物品的账单。

(2)若因餐厅服务员的工作失误造成误差,餐厅服务员应立马道歉,核对账单,及时修改账单,并感谢客人的提醒与等待。

(3)若是因为客人不了解收费标准和要求自己算错账,餐厅服务员应小声向客人解释,态度诚恳,语气温和,避免客人感到尴尬和难堪。

(二)未结账客人离开餐厅

(1)餐厅服务员要密切关注所负责区域的客人动向,一旦发现未结账客人离开餐厅,餐厅服务员应立即追上前,礼貌、小声地说明情况,请客人支付餐费。

(2)若客人与朋友在一起,应将客人请至一旁,礼貌、小声地说明情况,以免客人感到尴尬和难堪。

(3)整个过程要注意礼貌,避免客人反感而发生争执。

操作规范

结账服务流程如表6-1-1所示。

表6-1-1 结账服务流程

服务程序	工作步骤	步骤图
结账准备	(1)餐厅服务员上菜完毕后,需核对账单,核对酒水、菜肴及其他消费物品是否上齐。 (2)餐厅服务员核对账单无误后将其放入账单夹,以备客人随时结账。并确保账单夹再次打开时,账单正面朝向客人	图6-1-1
客人结账	(1)餐厅服务员应走到客人的右侧,打开账单夹,将账单夹递送给客人,请客人核对账单,客人核对无误后方可结账。 (2)餐厅服务员应按照客人选择的结账方式给客人结账	图6-1-2
结账完毕	(1)结账完毕后,餐厅服务员要真诚地向客人表达谢意。 (2)若客人结账完毕后未立即离开餐厅,而是继续停留,餐厅服务员应继续为客人提供茶水服务,并积极主动地询问客人是否还需要其他服务,直至客人离店	图6-1-3

项目六 餐后服务

图6-1-1 结账准备

图6-1-2 客人结账

图6-1-3 结账完毕

知识拓展

结账要求

1. 注意结账的时间

结账应由客人主动提出，餐厅服务员不能催促客人结账，以免造成赶客人离店的印象。

2. 注意结账的对象

在结账时，餐厅服务员应分清由谁付款，如果搞错了付款对象，容易造成客人对酒店服务的不满。

3. 注意服务的态度

当客人对账单有疑问时，餐厅服务员要冷静应对，保持良好的服务态度认真核对，耐心解释，不与客人发生冲突。

思政园地

上海锦江汤臣洲际大酒店中餐营运总监翁建和已在厨师行业工作了40年，作为上海知名的中餐烹饪大师，他精通上海菜，熟练苏、锡、甬、川、粤等地方菜制作。入行之初，翁建和勤练翻锅、苦练刀工，手上的老茧和伤疤记录着刻苦学艺的岁月，工作之余他一直保持着阅读行业相关书籍的习惯，外出时会随身携带相机，看到别致的菜品，就用相机拍下来，回家仔细琢磨，翁建和对自己的要求就是将简单的工作做到极致。正是源于"干一行、爱一行"的信念，翁建和在多次烹饪大赛中摘金夺银，并逐渐在上海烹饪界崭露头角。翁建和认为弘扬中华传统美食文化，让中华美食文化在世界上留下浓墨重彩的一笔是酒店人的一份责任，这也是未来酒店人应该学习的精神。

课堂实训

一、实训准备

（一）所需物品

每位学生一个账单夹、一份账单、少量现金、一张支票、一张信用卡、一个POS机。

（二）实训内容

练习结账服务，练习结束后，由本小组成员、其他小组成员和教师开展综合评价，并填入评分表。其中：本组打分占比30%；他组打分为其他小组打分的平均分，占比30%；教师打分占比40%。

二、任务评价

结账服务工作评分表如表6-1-2所示。

表6-1-2 结账服务工作评分表

评价项目	评分细则	分值	本组打分	他组打分	教师打分
物品准备	物品准备正确、充分	10			
账单处理	迅速为客人取送账单并准确核对账单	10			
为客结账	在客人右侧使用账单夹，将账单递送给客人	10			
	账单夹再次打开时，账单正面朝向客人	10			
	按照客人不同的结账方式灵活快速地为客人结账	20			
语言表达	礼貌对客，语气温和，语言表达清楚，语速适中	15			
服务动作	服务动作规范标准，结账迅速、准确	15			
结束工作	工作台整理干净	5			
	物品归位	5			
	合计	100			

三、填充任务单

结账服务任务单如表6-1-3所示。

表 6-1-3　结账服务任务单

任务内容	步骤
结账准备	(1)餐厅服务员上菜完毕后,需核对账单,核对_____、_____及其他消费物品等是否上齐。 (2)餐厅服务员核对账单无误后将其放入_____,以备客人随时结账。并确保账单夹再次打开时,账单_____面朝向客人
客人结账	(1)餐厅服务员应走到客人的_____,打开账单夹,将_____递送给客人,请客人核对账单,客人核对无误后方可结账。 (2)餐厅服务员应按照客人要求的结账方式给客人结账
结账完毕	(1)结账完毕后,餐厅服务员要真诚地向客人表达谢意。 (2)若客人结账完毕后未立即离开餐厅,而是继续停留,餐厅服务员应继续为客人提供_____服务,并积极主动地询问客人是否还需要其他服务,直至客人离店

任务二　送客服务

知识准备

一、送客服务

送客服务是礼貌服务的具体体现,表达了餐饮部门对客人的尊重、关心和下一次到来的欢迎,直接反映出酒店餐厅接待工作的等级、标准和规范。因此,在送客时,餐厅服务员应做到礼貌、周到和耐心,以使客人满意而归。

二、送客服务的注意事项

(1)不能因为临近下班时间而催促客人离店。
(2)注意观察出入餐厅的客人,不要对没有用完餐就离开座位的客人道别。
(3)当有年老体弱或行动不便的客人离店时,要给予适当照顾。
(4)客人中如有孩童,应礼貌且委婉地提醒家长注意看管孩童,特别是进出旋转门、自动门时应注意安全。
(5)若有未食用完的菜肴可询问客人是否需要打包。

操作规范

送客服务流程如表 6-2-1 所示。

餐厅服务实务

表6-2-1 送客服务流程

服务程序	工作步骤	步骤图
协助客人离店	（1）客人用餐完毕时，餐厅服务员应积极向客人询问用餐是否满意。 （2）客人要起身时，餐厅服务员应为其拉椅。 （3）客人起身后，提醒客人带好随身物品，以免物品遗失	图6-2-1
送客人离店	（1）餐厅服务员引领客人离店时，应走在客人侧前方约1米处，行走速度适中，注意回头观察客人是否跟上，直至将客人送至餐厅门口。 （2）当客人走出餐厅门口时，餐厅服务员应向客人鞠躬，礼貌向客人道别和道谢，并诚恳地欢迎客人再次光临，面带微笑目送客人离开	图6-2-2
检查餐厅	（1）餐厅服务员回到客人之前的就餐区域，认真、仔细地检查是否有客人的遗留物品，检查台面、地毯是否留有燃着的烟头，杜绝安全隐患。 （2）如发现有客人遗留物品，应立即联系客人将物品送还。若客人已经离开餐厅，应向上级领导汇报，并将物品交给上级领导处理	图6-2-3

图6-2-1 协助客人离店

图6-2-2 送客人离店

图6-2-3 检查餐厅

知识拓展

餐后服务常用语

（1）先生/女士，您好，这是您的账单。
（2）先生/女士，这是找您的零钱和发票，请收好，谢谢。
（3）希望您对餐厅的菜肴和服务提出宝贵的意见。
（4）非常感谢您的建议。
（5）各位请带好随身物品，请这边走。
（6）谢谢，欢迎您再来。
（7）再见，欢迎您再次光临。

思政园地

党的二十大召开以来,全国文化和旅游业界掀起深入学习宣传贯彻党的二十大精神热潮。全国酒店行业广大从业者为过去5年和新时代10年党和国家事业取得的历史性成就、发生的历史性变革热情"点赞",对实现中华民族伟大复兴的光明前景满怀信心。党的二十大报告让酒店从业者将更加坚守自身的价值,凸显诚信,恪守行业标准规范,不断创新,在奋斗实干中书写新的篇章。

课堂实训

一、实训准备

（一）所需物品

餐桌、餐椅。

（二）实训内容

练习送客服务,练习结束后,由本小组成员、其他小组成员和教师开展综合评价,并填入评分表。其中:本组打分占比30%;他组打分为其他小组打分的平均分,占比30%;教师打分占比40%。

二、任务评价

送客服务工作评分表如表6-2-2所示。

表6-2-2 送客服务工作评分表

评价项目	评分细则	分值	本组打分	他组打分	教师打分
礼貌送客	主动为客人拉椅	20			
	提醒客人带好随身物品	20			
	将客人送至餐厅门口	10			
	巡视餐厅一周	10			
	查看餐厅有无客人遗忘物品	10			
	查看餐厅有无安全隐患	10			
语言表达	礼貌对客,语气温和,语言表达清楚,语速适中	10			

续表

评价项目	评分细则	分值	本组打分	他组打分	教师打分
服务动作	服务动作规范标准,送客礼貌周到	10			
	合计	100			

三、填充任务单

送客服务任务单如表6-2-3所示。

表6-2-3　送客服务任务单

任务内容	步骤
协助客人离店	(1)客人用餐完毕时,餐厅服务员应积极向客人询问用餐是否满意。 (2)客人要起身时,餐厅服务员应为_____。 (3)客人起身后,提醒客人带好_____,以免物品遗失
送客人离店	(1)餐厅服务员引领客人离店时,应走在客人侧前方约_____处,行走速度适中,注意回头观察客人是否跟上,直至将客人送至餐厅门口。 (2)当客人走出餐厅门口时,餐厅服务员应向客人_____,礼貌向客人道别和道谢,并诚恳地欢迎客人再次光临,面带微笑目送客人离开
检查餐厅	(1)餐厅服务员回到客人之前的就餐区域,认真、仔细地检查是否有客人的_____,检查台面、地毯是否留有_____,杜绝安全隐患。 (2)如发现有客人遗留物品,应立即联系客人将物品送还。若客人已经离开餐厅,应向上级领导汇报,并将物品交给上级领导处理

任务三　收尾工作

知识准备

收尾工作是在餐厅每次营业结束后展开,是餐厅餐后服务工作必不可少的一环,收尾工作是指客人在离开餐厅后,餐厅服务员快速收拾餐具,整理餐桌椅,并按规格要求重新摆放干净的餐具与物品,以迎接下批客人的全过程。

操作规范

收尾工作流程如表6-3-1所示。

表 6-3-1　收尾工作流程

工作程序	工作步骤	步骤图
整理餐桌椅	将餐椅沿餐桌拉好，摆放整齐，用托盘收回桌面上的花瓶和台号牌，用干净的抹布将花瓶和台号牌擦干净并暂放于服务台	图 6-3-1
回收餐具	用托盘按以下顺序回收餐具： (1) 餐巾； (2) 玻璃器皿 (杯具)； (3) 汤碗、餐碟、汤勺等个人瓷器餐具； (4) 筷子、筷架等物品； (5) 公用大餐盘； (6) 台布	图 6-3-2
重新摆台	将干净的花瓶、台号牌、餐具、台布等重新摆放回桌面	图 6-3-3
整理环境	整理餐厅周围环境卫生，使餐桌恢复餐前状态，为下一餐做好准备	图 6-3-4
整理物品	将脏的布草送至洗衣房清洗，将所有脏餐具送全洗碗间清洗并消毒；将所有物品都按规定放置好，整理工作台、补充物品，工作台上除必备物品外无其他任何物品	图 6-3-5
落实安全工作	若当天营业结束，则关闭灯光与空调等各类电器设施，锁好门窗，当值负责人做好最后的安全防患检查，并填写工作记录	图 6-3-6

图 6-3-1　整理餐桌椅　　　　图 6-3-2　回收餐具　　　　图 6-3-3　重新摆台

图 6-3-4　整理环境　　　　图 6-3-5　整理物品　　　　图 6-3-6　落实安全工作

知识拓展

台面清理注意事项

（1）餐具回收时，注意分类摆放，尤其是餐巾、台布要另放，不可靠近油腻物品。

（2）将桌上剩余的汤或菜集中堆放到一个器皿中，不可将有残留物的餐盘叠在一起。

（3）收餐具时，要轻拿轻放，尽量不要发生碰撞声响，注意将大的餐具放在下面，小的餐具放在上面，将餐具放入收餐筐时要适量，不可超量或挤压堆放，以免餐具破损。

（4）若是零点餐厅撤台，要注意操作文明，不要打扰其他客人用餐。

思政园地

> 2023年，三亚丽禾温德姆酒店经理李巧艳获得"2023年全国五一劳动奖章"殊荣。22年前，李巧艳踏入酒店行业当起了一名服务员。刚开始，她被分配到餐饮部，每天工作10个小时，摆桌、叠布、上菜、刷洗餐具、清理地毯，与她同时应聘的很多同事吃不了苦，纷纷打起退堂鼓，只有她咬牙坚持留在酒店。通过多学、多问、多做，李巧艳的岗位技能、业务知识、礼仪礼貌等综合素质得到全面提高。在长达22年的职业生涯里，李巧艳从一名酒店服务员成为一名酒店管理者，她始终怀揣着对酒店服务事业的满腔热情，踏实努力前行，不断帮助酒店提升整体效益和发展质量，用真心和行动书写一部无悔的青春奋斗史。
>
> 作为酒店人，我们要干一行爱一行，自觉实践酒店行业不惧艰难的工匠精神和职业规范，在平凡的工作岗位，做出不平凡的事。

课堂实训

一、实训准备

（一）所需物品

使用过的餐桌、餐具。

（二）实训内容

练习收尾工作，练习结束后，由本小组成员、其他小组成员和教师开展综合评价，并填入评分表。其中：本组打分占比30%；他组打分为其他小组打分的平均分，占比30%；教师打分占比40%。

二、任务评价

收尾工作评分表如表 6-3-2 所示。

表 6-3-2　收尾工作评分表

评价项目	评分细则	分值	本组打分	他组打分	教师打分
整理桌椅	将餐椅沿餐桌拉好,摆放整齐	10			
回收餐具	按照规定顺序用托盘回收餐具	20			
重新摆台	将干净的餐具、台布等重新摆放回桌面	20			
整理环境	整理餐厅周围环境卫生,使餐桌恢复餐前状态	20			
整理物品	整理工作台、补充物品,将所有物品都按规定放置好	10			
落实安全工作	关闭灯光与空调等各类电器设施、锁好门窗,并填写工作记录	10			
服务动作	服务动作规范标准、迅速、准确	10			
合计		100			

三、填充任务单

收尾工作任务单如表 6-3-3 所示。

表 6-3-3　收尾工作任务单

任务内容	步骤
整理餐桌椅	将餐椅沿餐桌拉好,摆放整齐,用托盘收回桌面上的_____和_____,用干净的抹布将花瓶和台号牌擦干净并暂放于服务台
回收餐具	用_____按以下顺序回收餐具: (1)_____; (2)玻璃器皿(杯具); (3)汤碗、餐碟、汤勺等个人瓷器餐具; (4)筷子、筷架等物品; (5)_____; (6)台布
重新摆台	将干净的花瓶、台号牌、餐具、台布等重新摆放回_____
整理环境	整理餐厅周围环境卫生,使餐桌恢复餐前状态,为下一餐做好准备
整理物品	将脏的布草送至_____清洗,将所有脏餐具送至_____清洗并消毒;将所有物品都按规定放置好,整理_____、补充物品,工作台上除必备物品外无其他任何物品
落实安全工作	若当天营业结束,则关闭灯光与空调等各类电器设施,锁好门窗,当值负责人做好最后的安全防患检查,并填写_____

第三部分

西餐服务技能篇

项目七
西餐基本知识概述

 项目导读

西餐是中国人和部分其他东方国家及地区人民对欧美菜肴的总称,广义上讲,也可以说是西方餐饮文化的总称。西餐常指的是以法国、意大利、美国、英国等国为代表的菜肴,同时,希腊、德国、西班牙、葡萄牙、荷兰、瑞典、丹麦、匈牙利、奥地利、波兰等欧洲各国的菜肴也很著名,并有着自己的特色。不同国家的人有着不同的饮食习惯和用餐风俗。

 项目目标

1. 了解西餐文化及外国菜系分类;
2. 了解和认识西餐中常用物品及餐具;
3. 掌握西餐用餐的正确顺序。

任务一 西餐概述

知识准备

一、西餐的概念

(一)西餐的定义

西餐(western foods),顾名思义是西方国家的餐食,东方人通常所说的西餐主要包括西欧国家的饮食菜肴,当然同时还包括东欧各国、地中海沿岸等国和一些拉丁美洲国家如墨西哥等国的菜肴。西餐菜式料理与中国菜不同,一般使用橄榄油、黄油、番茄酱、沙拉酱等调味料,不同的主食搭配一些蔬菜,如番茄、西兰花等。西餐的主要特点是主料突出、形色美观、口味鲜美、营养丰富、供应方便等。正规西餐包括餐汤、前菜、主菜、餐后甜品及饮品。西餐大致可分为法式菜肴、英式菜肴、意式菜肴、俄式菜肴、美式菜肴、地中海菜肴等多种不同风格的菜肴。西方各国的餐饮文化都有各自的特点,各个国家的菜式也都不尽相同,例如法国人会认为他们做的是法国菜、英国人则认为他们做的菜是英国菜。西方人自己并没有明确的"西餐"概念,这个概念是中国人和其他东方人的概念。

(二)西餐的特点

1. 重视营养成分的搭配组合

西餐非常重视营养成分的搭配组合,充分考虑人体对各种营养物质(如糖类、脂肪、蛋白质、维生素等)和热量的需求来加工烹调。

2. 选料精细、考究且十分广泛

西餐烹饪在选料时十分精细、考究,而且选料十分广泛,如美国菜常用水果制作菜肴,咸里带甜;意大利菜则会将各类面食制作成菜肴,如各种面片、面条、面花都能制成美味的席上佳肴;法国菜的选料更为广泛,如蜗牛、洋百合、椰树芯等均可入菜。

3. 讲究调味,注重色泽

西餐烹调的调味品大多不同于中餐,如酸奶油、桂叶、柠檬等都是常用的调味品。法国菜注重用酒调味,在烹调时普遍用酒,不同菜肴用不同的酒做调料;德国菜则多以啤酒调味,在色泽的搭配上则讲究对比、明快,因而色泽鲜艳,能刺激食欲。

4. 工艺严谨,器皿讲究

西餐的烹调方法很多,常用的有煎、烩、烤、焖等十几种,而且十分注重工艺流程,讲究科学化、程序化,工序严谨。烹调的炊具与餐具均有不同于中餐的特点。特别是餐具,除瓷制品外,水晶、玻璃及各类金属制餐具占很大比重。

二、西餐的发展史

(一)西餐的起源及发展史

西餐发展的历史,可谓源远流长。据有关史料记载,早在公元前5世纪,在古希腊的西西里岛上,就出现了高度的烹饪文化。在当时就很讲究烹调方法,煎、炸、烤、焖、蒸、煮、炙、熏等烹调方法均已出现,同时技术高超的名厨师在社会上很受尊敬。尽管当时烹饪文化有了相当的发展,但人们的用餐方法仍是以抓食为主,餐桌上的餐具还不完备,餐刀、餐叉、汤匙、餐巾等都没有出现。西餐餐桌上的刀、叉、匙都是由厨房用的工具演变而来的。

公元前3000年左右,古埃及人就已经掌握了制作发酵面包的技术,所以面包为基础的西方文化形式,应该归功于古埃及的灿烂文明。

在罗马帝国时代,意大利是欧洲政治、经济和文化中心,餐饮文化在这里得到了飞速的发展。中世纪后期,我国的面食制作传入意大利。公元1533年,意大利美第奇家族的凯瑟琳嫁到了法国皇室后,将意大利餐饮文化带到了法国,在成为亨利二世的王妃以后,法国的餐饮礼仪开始风行于皇室和贵族之中。

20世纪初期,法国菜成为西餐的主流,这一风尚一直延续到20世纪后期。进入21世纪,随着信息化和经济全球化的发展,西餐餐饮文化发生了转变,使得各国不同风格的餐饮文化都得到了均衡的发展。

西餐传入我国的历史可以追溯到马可·波罗游历时期,而接触西餐的历史,则早在西汉时期与西域通商的时候就已经开始了。

(二)西餐在中国的发展

西餐在中国的出现和发展远在2000年前。通过丝绸之路,中国与世界各国开始通商往来。但是,当时的交往十分有限,只有一些物产的互相交流,如西方的芹菜、胡萝卜、葡萄等传入中国。

明朝,有些欧洲国家的商人为寻找商品市场,相继来到中国的广州、泉州、扬州等地,一些传教士也先后到中国一些城镇进行传教活动。有些人在中国逗留的时间较长,由于生活需要,自带本国食品和厨师,也有雇佣中国人为他们服务的。根据记载,1622年来华的德国传教士汤若望在京居住,期间曾用由蜜、面和鸡蛋制作的"西洋饼"款待中国客人,食者皆"诧为殊味"。那时,西餐多见于教堂及其他外交场所,影响比较小。

清朝,尤其是鸦片战争以后,租界设立,不少外国人在华长期定居,开始他们食用的菜点都是由外国厨师在家里制作的,后来出现了兼营西式菜肴和西式点心的饮食店。清光绪年间,开始出现由中国人开设的西餐馆、咖啡厅和面包店,并出现了我国第一代西菜厨师。根据清朝史料记载,最早的西菜馆始于上海的"一品香",继之有"海天春""一家春"等问世。北京的西餐业也始于光绪年间,以"醉琼林""裕珍园"为代表。1900年,八国联军进入北京,洋酒店、洋饭店也应运而生。1920年,法国人开设了"北京店"专营西餐,西班牙人开设了"三星饭店",德国人开设了"宝珠饭店",俄国人开设了"开根牛奶厂"并售卖食品,希腊人开设了"正昌面包房"等。当时西餐在我国南方多为欧美式,在北方以俄式居多。

中华人民共和国成立后,随着我国与世界各国的友好往来日益增多,又陆续建起了些经营西餐的新饭店,但中国的餐饮市场还比较单一,大部分人还是习惯传统的中餐。随着中国经济的发展和国际化程度的提高,越来越多的人开始接触和了解西餐。在这个过程中,一些西餐厅也开始在中国开业,为中国人提供了更多的选择。

三、西餐的主要菜式

代表性的西餐菜式分为以下几类。

（一）法式菜肴

法式菜肴被称为"西餐之首"，选料时力求新鲜精细，且较广泛，其特点如下。

(1)加工精细，烹调考究，滋味有浓有淡，花色、品种多样。

(2)注重不同的菜肴用不同的酒来调味，以"半熟鲜嫩"为菜肴特色，如牛肉、羊肉只烹至五到七成熟，烤鸭近三成熟即食用。

法式菜肴的代表菜有马赛鱼羹、香煎鹅肝(图7-1-1)、巴黎龙虾、红酒山鸡、沙福罗鸡、鸡肝牛排等。

（二）英式菜肴

英式菜肴被称为"家庭美肴"，其服务方式又称家庭式服务，简洁与礼仪并重，其特点如下。

(1)选料广泛，口味清淡，油少、清淡，调味时较少用酒。

(2)烹调方法多以蒸、煮、烧、熏、炸为多，讲究鲜嫩和原汁原味，所以较少使用调味品，不过盐、胡椒、酱油、醋、芥末、番茄酱等调味品大多放在餐桌上由客人自己选用。

(3)选料注重鲜嫩，以海鲜和各式蔬菜为主，菜量要求少而精。

英式菜肴的代表菜有炸鱼薯条(图7-1-2)、薯烩羊肉、冬至布丁等。

图7-1-1　香煎鹅肝

图7-1-2　炸鱼薯条

（三）意式菜肴

意式菜肴被称为"西餐始祖"，汁浓味厚，讲究原汁原味，其特点如下。

(1)喜用橄榄油、番茄酱，调味用酒较重，意式菜以面制品见长，如通心粉、比萨饼等。

(2)烹饪方法以炸、熏、炒、煎、烩等为主。

意式菜肴的代表菜有蔬菜通心粉汤、意大利馄饨、奶酪焗通心粉、肉末通心粉、肉丸意大利面(图7-1-3)等。

(四)德式菜肴

德式菜肴——"啤酒和大肉",不求浮华只求分量十足。德式菜肴特点如下。
(1)喜用灌肠、腌肉制品,口味咸中带酸、浓而不腻。
(2)烹饪时会使用大量芥末、白酒、牛油等作为调味品,且较常使用煮、炖或烩等烹饪方法。
(3)喜用啤酒调制,烹调方法较为简单,某些原料,如牛肉有时生食。

德式菜肴的代表菜有德式生鱼片、德式烤杂肉、德式香肠、德国猪肘(图7-1-4)等。

图7-1-3 肉丸意大利面

图7-1-4 德国猪肘

(五)美式菜肴

美式菜肴营养快捷,是在英式菜肴的基础上发展起来的,口味也是较为清淡,其特点如下。
(1)甜中带咸,喜用水果和蔬菜作原料来烹制菜肴,如苹果、梨、菠萝、芹菜、生菜等。
(2)以铁扒类菜肴居多,讲究营养、快捷、原汁鲜味。

美式菜肴的代表菜有烤火鸡、美式牛扒(图7-1-5)、苹果沙拉、美式松饼等。

(六)俄式菜肴

俄式菜肴是西餐经典,选料广泛,油大味浓,制作简单,简朴实惠,其特点如下。
(1)喜用鱼、肉、蔬菜作为原料,口味以酸、甜、咸、辣为主,喜用奶油调味。
(2)酸黄瓜、酸白菜往往是餐桌上的必备食品。
(3)烹调方法以烤、熏、腌为主。

俄式菜肴的代表菜有俄式什锦沙拉、罗宋汤(图7-1-6)、酸黄瓜汤、冷苹果汤、鱼子酱、鱼肉包子、黄油鸡卷等。

项目七 西餐基本知识概述

图7-1-5 美式牛扒

图7-1-6 罗宋汤

思政园地

杜绝"舌尖上的浪费"

"先生,先吃凉菜、再吃热菜,能够更好地品味不同美食的风味,建议凉菜、热菜不要混取,可以吃完再来拿。"在广州白天鹅宾馆的西式自助餐厅,服务员提醒客人少量多次取餐,以减少浪费。

"倡导餐饮节约能够减少食物浪费,也能让客人养成更文明的饮食习惯,是利国利民的好事。我们会积极采取有效措施,全面贯彻习近平总书记关于制止餐饮浪费行为的重要指示。"白天鹅宾馆的餐饮总监伍先生说。除了给客人提建议,白天鹅宾馆西式自助餐厅还通过推出小份菜、将食材下脚料"变废为宝"制成新菜品、采用预约制用餐减少过量备菜等措施,有效减少餐饮浪费。

知识拓展

欧美一些国家的用餐习惯

1. 德国

有人说德国人用餐最符合营养学家关于"早吃好、午吃饱、晚吃少"的建议。他们一向对早餐、午餐较重视,晚餐较简单。像其他欧洲国家一样,德国人大多喜欢吃猪肉、牛肉、鸡、鸭和野味,以及蛋糕、甜点心和各种水果,尤其喜爱喝啤酒。慕尼黑是世界闻名的"啤酒城"。然而,德国人通常不太爱吃鱼、虾及海味,也不喜欢过于肥厚、辛辣的食品。

2. 意大利

意大利人将各种面食类,如葱卷、馄饨、通心粉、炒粉等作为菜用,这是意大利人饮食的一个主要特点。而且,意大利人一般在食物六七成熟时就吃,这也是其他国家少有的。意大利有一种很普遍、很有名气的面食——皮扎饼,其制作方法非常讲究:在陶瓷砖上用木炭火烤制,饼上放的馅多为奶酪、火腿、香肠、番茄、茄子等,刚烤好的皮扎饼香气扑鼻,令人垂涎欲滴。

3. 美国

美国人饮食很讲究质量,不要求数量,这与英国的饮食习惯很接近。美国人也喜欢吃牛肉、猪肉、鸡、鱼、虾、蛋及各种新鲜蔬菜和水果。菜肴多采用煎、烤、炸等方式进行烹调,如炸羊排、炸猪排、炸仔鸡、炸明虾等,听起来就够让人垂涎三尺的了。美国人一般也不在厨房用调料,都放在餐桌上自取,既省了做饭人的事,又合了吃饭人的口味,两全其美。

4. 英国

英国普通家庭的一日三餐(早餐、午餐、晚餐)中,以午餐为正餐。阔绰人家则一日四餐(早餐、午餐、茶点和晚餐)。早餐一般为燕麦或大麦片、牛奶、粥、火腿蛋、奶油面包或果酱面包;午餐有冷肉、土豆和用黄瓜、番茄、胡萝卜、莴苣、甜菜头等制作的凉拌菜;茶点一般在下午4时至5时,内容是茶、糕饼、面包;晚餐是正餐,菜肴丰富。英国人一般都爱吃酥皮葱饼,许多海港一带的英国人,都特别喜爱鲱鱼。

5. 法国

法国是世界三大著名美食国家之一。法国菜最主要特征是对复合味调料(沙司)的制作极其考究,选料十分新鲜,甚至有许多菜是生吃的。常用的烹调方法有烤、炸、煎、烩、焖等。肉菜中总有多种蔬菜配伍。调味上,酒的使用严守陈规,烹制什么菜一定要用什么酒。法国最著名的美食极品是鹅肝酱,它与黑菌(松露菌)、黑鱼子酱称为食物三宝。法国人用膳时饮酒也十分讲究,吃哪种菜配哪种酒。法国人对烹调技术极为重视,讲究菜肴的色、香、味、形,操作上很重视火候的掌握。奶酪是法国人餐桌上的主要食品之一。

6. 土耳其

土耳其是一个非常注重美食的国家。名列世界三大著名美食国家之一,传统食品除了面包,还有羊肉、葡萄酒、点心等。土耳其四季分明,水果种类很多,是葡萄酒生产地和水果王国。当地人喜吃羊肉和小牛肉,尤其喜欢将羊肉串起来以炭火烤熟,用刀削下肉片夹面包吃。

7. 墨西哥

墨西哥是玉米之乡,许多人喜欢喝玉米面粥,吃玉米面饼,无论是穷人还是富翁,都视之为美味。墨西哥人款待外国客人时,往往要上一道独具特色的家乡美味仙人掌佳肴,令客人赞叹不已。墨西哥盛产辣椒,他们也特别能吃辣椒,他们惯于吃西餐,对中餐也十分喜爱。

任务考核

一、实施目的

熟悉西餐基础知识、发展历程和各国西餐的特点。

二、实施过程

举办知识竞赛。
(1)学生自由分组,3~6人一个小组。
(2)教师准备多张西式菜肴的图片,一一向学生展示,由每组学生抢答,说出菜肴名称、所属类别、特点等。
(3)答对一题计1分,最后总分最高的小组获胜。

任务二 西餐厅物品认知

知识准备

一、西餐摆台用品

西餐餐台通常用的是长桌或者是方桌。西餐就餐方式实行分餐制,摆台按照不同的台型、人数、用餐方式、可做出不同的摆设,通常来说西餐摆台分为宴会摆台和休闲餐厅摆台。

西餐摆台用品(图7-2-1)主要包括以下几种。

图7-2-1 西餐摆台用品

(一)台布

台布颜色以白色为主。

(二)餐巾

餐巾通常为正方形,和台布或整体布置颜色搭配,叠成餐巾花摆在装饰盘中央,折法符合西餐要求。

(三)装饰盘

装饰盘一般为直径10英寸(1英寸为2.54厘米)的圆瓷盘,主要分为带花边的装饰盘和无图案的素色装饰盘两种,可作垫盘使用。

(四)面包碟

面包碟一般为直径6英寸的素色圆盘,用来盛面包。

(五)黄油碟

黄油碟一般为直径2英寸的小圆瓷盘,用来盛黄油。

(六)餐叉

餐叉有银制品、镀银制品和不锈钢制品之分。主餐叉较大,为正餐使用,通常用来取较大的肉类,如牛排、羊排,或者蔬菜;沙拉叉较小,在吃前菜或沙拉时使用;鱼叉在吃鱼类或海鲜时使用;甜品叉在吃甜品时使用。

(七)餐刀

餐刀同样也有银制品、镀银制品和不锈钢制品之分。主餐刀在正餐时使用;沙拉刀较小,用在吃前菜或沙拉时使用;鱼刀在吃鱼类或海鲜时使用。

(八)匙

常见的匙有汤匙(浓汤匙和清汤匙)和甜品匙,甜品匙较小,用于吃甜品时使用。

(九)杯具

杯具通常为透明玻璃材质,最大的是水杯,其次是红葡萄酒杯、白葡萄酒杯,还有香槟杯、饮料杯等。

(十)其他公用物品

餐桌上的其他公用物品有椒盐瓶、牙签盅、烛台、菜单、花瓶等。
西餐宴会餐具摆台示意图如图7-2-2所示。

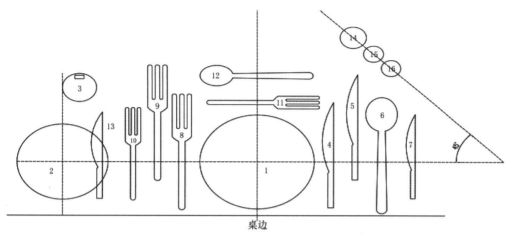

图 7-2-2　西餐宴会餐具摆台示意图

1—装饰盘；2—面包盘；3—黄油碟；4—主餐刀；5—鱼刀；6—汤匙；7—沙拉刀；8—主餐叉；9—鱼叉；
10—沙拉叉；11—甜品叉；12—甜品匙；13—黄油刀；14—水杯；15—红葡萄酒杯；16—白葡萄酒杯

二、西餐厅常见的服务用具

除了上面介绍的西餐摆台用品以外，西餐厅还有一些常见的服务用具。这类用具品种繁多，主要有金属餐具、玻璃器皿、瓷器餐具和其他用具等，其用途各异，下面作简要介绍。

（一）金属餐具

金属餐具种类繁多，根据材料质地，主要有银制餐具和不锈钢餐具之分。通常纯银餐具和镀银餐具用于高档的西餐厅，如银制刀、叉、匙、咖啡壶、冰桶、烛台等，纯银餐具和镀银餐具的特点是美观、气派，但成本较高，且需要定期抛光和妥善保管。不锈钢餐具分为普通不锈钢餐具和改良成玻璃镜面的不锈钢餐具，后者光洁明亮且平滑，效果与银器一样，价格却比银器便宜很多，而且不留任何指纹，更能防划，并且不会生锈。很多西餐厅选择用不锈钢餐具代替银质餐具。

西餐厅常见的金属服务餐具如表 7-2-1 所示，西餐厅常见的金属服务用具及用途如表 7-2-2 所示。

表 7-2-1　西餐厅常见的金属服务餐具

金属服务餐具	用途
服务匙	又称派餐匙、分菜叉匙，与服务叉搭配使用，用于桌边分菜服务
服务叉	又称派餐叉、分菜叉，与服务匙搭配使用，用于桌边分菜服务
起司刀/干酪刀	切起司（干酪）用

续表

金属服务餐具	用途
田螺叉/蜗牛叉	挑出田螺肉、蜗牛肉,与田螺夹、蜗牛夹搭配使用
田螺夹/蜗牛夹	固定田螺壳、蜗牛壳,与田螺叉、蜗牛叉搭配使用
龙虾叉	挑出龙虾肉或螃蟹肉,与龙虾钳搭配使用
龙虾钳	压碎龙虾壳或螃蟹壳,与龙虾叉搭配使用
冰激凌匙	前端平齐的小勺,吃冰激凌的专用匙
长匙	又称冰茶匙,搅拌冰茶、冰咖啡或取冰激凌
鸡尾酒勺/宾治勺	舀取鸡尾酒
冰夹	夹取冰块
蛋糕铲	铲取蛋糕、派

表 7-2-2　西餐厅常见的服务用具及用途

金属服务用具	用途
冰水壶	装冰水
咖啡壶	装咖啡
茶壶	装茶水
奶盅	装奶
鸡尾酒缸/宾治盆	装调配的混合酒
冰桶	装冰块
冰酒桶架	放冰酒桶
冰酒桶	用于冰镇须保持低温饮用的葡萄酒
酒篮/酒架	用于葡萄酒摆放及服务
托盘	盛装各式甜点、蛋糕及水果
胡椒研磨器	将胡椒粒研磨成细小的颗粒,以供调味食用
烛台	插放蜡烛,以增进用餐气氛
蛋糕架	放置蛋糕、甜点
面包屑斗	刮除餐桌上的面包屑或残渣
保温锅	摆放及展示需加热保温的各类热食菜肴
保温电盘	利用通电加热的电盘,保温盛装热食的餐盘
调味汁盅	盛放沙拉、酱汁等
摇酒器	调制各式鸡尾酒

(二)玻璃器皿

常用的玻璃器皿以用途各异的酒杯居多,其特点是晶莹剔透、美观且价格便宜,但是长期使用易造成杯身磨损,失去光泽。

西餐厅常见的玻璃器皿及用途如表7-2-3所示。

表7-2-3　西餐厅常见的玻璃器皿及用途

玻璃器皿	用途
雪莉酒杯/波特酒杯	盛装甜酒
威士忌酒杯	盛装威士忌酒,还作为烈性酒的纯饮杯
白兰地酒杯	专业销售白兰地的杯子
鸡尾酒杯/三角杯	盛装鸡尾酒
利口酒杯	盛装利口酒
果汁杯	盛装果汁
热饮杯	盛装热饮饮料的杯子
海波杯	盛装各类碳酸饮料及鸡尾酒

(三)瓷器餐具

瓷器的种类繁多,大致可分为一般瓷器、强化瓷和骨瓷三类。

西餐厅常见的瓷器餐具如表7-2-4所示。

表7-2-4　西餐厅常见的瓷器餐具

瓷器餐具	用途
汤盅	盛放冷汤和或麦片粥,也可用于热汤
汤碗	盛放奶油浓汤、燕麦、粥盅、早晚谷类
咖啡杯及咖啡碟	提供咖啡服务时与咖啡匙配套使用
小型咖啡杯及垫碟	装不加糖的咖啡、土耳其咖啡及意式浓缩咖啡
茶杯及垫碟	装茶
咖啡壶	盛装咖啡
茶壶	装茶,多用于红茶特调茶、果茶
布丁盅	用来盛装烘烤的蛋羹、布丁及蛋奶酥
奶盅	盛装蛋奶或鲜奶
糖罐	装砂糖或糖包,如白糖、黄糖和袋糖
餐巾环	套住已卷成圆筒的餐巾
烟灰缸	盛放烟灰及烟蒂

思政园地

高手对决 共展技能之美

2023年3月,全国星级饭店从业人员服务技能竞赛总决赛在湖北武汉开赛。在实操项目竞赛中,西餐服务项目主要考察仪容仪表、西餐零点摆台等。

本次比赛是由文化和旅游部、中华全国总工会、共青团中央、全国妇联共同主办。全国星级饭店从业人员服务技能竞赛是文化和旅游部组建以来,第一次举办星级饭店行业全国性、专业性的赛事,时间跨度长、参与选手多、规格层次高。

大赛分为省内选拔赛和全国总决赛两个阶段,自2022年1月启动以来,各地行政管理部门、行业协会和星级饭店高度重视、广泛关注、积极参与。31个省(区、市)紧紧围绕前厅接待服务、客房服务、餐厅(中餐、西餐)服务4个竞赛项目广泛开展岗位大练兵活动,并层层选拔优秀选手参加全国总决赛。

总决赛突出对星级饭店从业人员的业务知识、服务质量、沟通协调能力、突发情况应对能力进行考察,对于引导全国星级饭店适应新形势下新消费需求,大力弘扬工匠精神,增强从业人员自信,培育更多专业骨干人才,促进星级饭店业服务质量提升具有积极意义。

操作规范

一、认识餐具

仔细辨认每一个西餐餐具的形状、大小,了解其特点。例如,可利用对比大小的方式来辨认主餐刀和沙拉刀。

二、熟悉餐具的用途

根据餐具的大小、形状、质地和特点来掌握每一样餐具的用途,根据餐具的摆放位置来确定餐具的名称及用途。

知识拓展

餐饮小知识

摆台又称铺台、摆桌,是指将餐具和附加用具按照一定规格整齐地摆在餐桌上的操作过程,包括餐桌布局、席位安排、铺台布、餐具摆放等。摆台是一门艺术,摆台的质量直接关系到服务质量和餐厅的面貌,因此,摆台要做到清洁卫生、整齐有序、放置适当、完好舒适、方便就餐、配套齐全且具有艺术性。在完成餐桌的基本布置之后,应当对餐桌进行适当美化。可以在餐桌摆放花篮、雕塑、烛台等作为装饰,以丰富餐桌内容,带给客人视觉享受。

课堂实训

一、实训准备

(一)所需物品

装饰盘、面包盘、黄油碟、主餐刀、鱼刀、汤匙、沙拉刀、主餐叉、鱼叉、沙拉叉、甜品叉、甜品匙、黄油刀、水杯、红葡萄酒杯、白葡萄酒杯。

(二)实训内容

全班同学分组,4~6人一组,先根据所学知识,小组成员分工合作,一起上讲台介绍全套西餐餐具。评分方式采用教师综合评价、组外学生评价的方式。其中组外学生评价占比50%,教师综合评价占比50%。

该实训目的是熟悉西餐摆台各类餐具用具的名称、特点、质地及其用途,为后续西餐摆台实操学习奠定基础。

二、任务评价

西餐物品认知评分表如表7-2-5所示。

表7-2-5 西餐物品认知评分表

评价项目	评价内容	分值	组外学生评价	教师评价
物品准备	物品准备正确、充分	10		
西餐物品认知	名称	20		
	大小、形状、质地、特点	20		
	用途	30		
语言表达	熟练、完整、流利	10		
结束工作	工作台整理干净	5		
	物品归位	5		
合计		100		

三、填充任务单

西餐宴会餐具摆台示意图如图 7-2-3 所示,请填写括号中的内容。

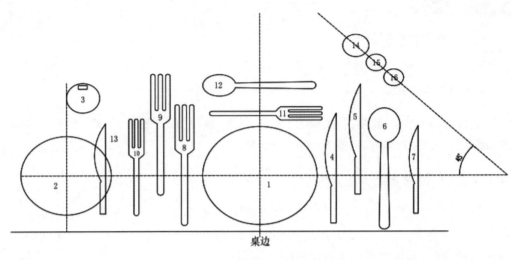

图 7-2-3　西餐宴会餐具摆台示意图

1—装饰盘;2—(　　　);3—(　　　);4—主餐刀;5—(　　　);6—汤匙;7—沙拉刀;
8—主餐叉;9—(　　　);10—(　　　);11—甜品叉;12—(　　　);13—(　　　);14—(　　　);
15—(　　　);16—(　　　)

任务三　西餐用餐顺序

知识准备

西餐的用餐顺序由上菜的顺序决定,西餐实行分餐制,正式的西餐上菜顺序有着严格的要求,遵循的主要原则如下:先冷菜后热菜,最后再到冷菜;从味道鲜美到甜味;口味从清淡到浓重,再到清淡;从生到熟。

一、西餐上菜顺序

头盘(开胃菜)—汤—副菜—主菜(配沙拉)—甜点—餐后饮品(餐后酒、咖啡或茶)。

二、西餐上菜详解

(一)头盘(开胃菜)

西餐开胃菜一般有冷头盘和热头盘之分,常见的品种有鱼子酱、鹅肝酱、熏鲑鱼等。开胃菜能增进食欲,所以开胃菜一般都有特色风味,味道以咸和酸为主,装饰精美,色彩鲜艳,而且数量少,质量较高。

沙拉也常作为开胃头盘,主要有三类,分别为水果沙拉、蔬菜沙拉、肉类沙拉,沙拉起到开胃的作用。

(二)汤

在西方人的饮食习惯中,喝汤是在吃主食之前利用汤菜来调动食欲,润滑食道,为进餐做好准备。汤的种类比较多,制作方法也较多,大致可分为清汤、浓汤、特殊汤。西餐汤风味别致,花色多样,世界各国都有其著名的有代表性的汤,如法国的洋葱汤、意大利的蔬菜汤、俄罗斯的罗宋汤、美国的奶油海鲜巧达汤、英国的牛茶配忌斯条等。除了主料以外,人们常常在汤面上放一些小料加以补充和装饰。

(三)副菜

在西餐中,副菜是分量适中、口味较为清淡的菜品,通常作为主菜的搭配,起到平衡口感、搭配营养的作用。副菜可以由蔬菜、水果、海鲜、肉类等食材制作而成,形式多样,口味丰富。

(四)主菜

主菜作为西餐全套菜里的灵魂,通常制作考究并且营养丰富。主菜多以肉类、禽类、海鲜为主。肉类主要有牛排、牛肉、羊排、小羊羔,肉类菜肴配用的调味汁主要有西班牙汁、浓烧汁、蘑菇汁、白尼丝汁等。禽类菜肴最多的是鸡,可煮、可炸、可烤、可炖,主要的调味汁有咖喱汁、奶油汁等。海鲜主要以各类鱼类为主,也有龙虾等。主菜里的肉类有时候会搭配蔬菜或主食。

(五)甜点

西餐里的甜点在主菜后食用,甜点的种类十分丰富,如冰激凌、水果、奶酪、布丁等。

(六)餐后饮品

西餐里许多人喜欢喝餐后甜酒,也可以称为消化酒。这种酒的特点是酒精度高,味甜,可以起到促进消化的作用。咖啡和茶也是非常受欢迎的餐后饮品,一般咖啡会搭配糖和淡奶油,茶则可以搭配糖、柠檬片和奶。

餐厅服务实务

思政园地

绿色餐饮、节约餐饮

为了落实习近平总书记关于"建立长效机制,坚决制止餐饮浪费行为"的重要指示,越来越多的餐饮企业主动履行绿色发展社会责任,在用餐区域张贴"反对浪费、适量点餐"的提示语,并在客人点餐时适时提醒。落实分餐制、光盘行动、垃圾分类、节能减排、反食品浪费和限制塑料制品等,已成为餐饮业发展的共识。在西餐服务过程中,也要主动践行"绿色餐饮、节约餐饮"这一行动,其中包括根据客人的人数及就餐习惯,给客人建议适量的菜肴,提供合适量的面包等,从细节上把绿色餐饮落到实处。

操作规范

西餐上菜顺序操作步骤如表7-3-1所示。

表7-3-1 西餐上菜顺序操作步骤

上菜顺序	菜品类型	详细做法
第一道	头盘(开胃菜)	可采取一次上两人位的方式,如一次为两位及以上的客人上菜,可使用托盘,注意卫生,手拿餐碟边缘
第二道	汤	上汤前注意先撤去客人吃完的开胃菜餐盘及餐具;上汤时注意安全,手拿汤碗边缘
第三道	副菜	撤去汤碗,摆放副菜,如有搭配调味汁,调味汁需与主菜一同上桌,菜品展示面朝向客人
第四道	主菜	上主菜时注意餐食的摆放方式,菜品正面对着客人;如有搭配调味汁,调味汁需与主菜一同上桌
第五道	甜点	上甜点时注意要帮助客人把餐碟上方的甜品餐具移动到餐碟两侧(左叉右勺)
第六道	咖啡、茶	上咖啡和茶时注意搭配牛奶、糖一起上桌;如客人有特殊需求,按需要处理即可

知识拓展

西餐用餐礼仪小贴士

无论是西餐宴会或者是零点餐厅,在正式的西餐场合,用餐应该是优雅美观的,享受美食的同时又有着文雅的举止、得体的衣着,可以说是视觉和味觉的双重享受。下面介绍西餐用餐礼仪。

1.餐巾在用餐前就可以打开

点完菜后,在前菜送来前的这段时间把餐巾打开,往内折三分之一,将另外三分之二的餐巾平铺在腿上,盖住膝盖以上的双腿部分。最好不要把餐巾塞入领口,也不要用餐巾来擦手、擦脸。

2.喝酒的方法

用餐期间喝酒,先擦拭嘴巴再喝。喝酒时绝对不能吸着喝,而是倾斜酒杯,将酒少量倒入口中。轻轻摇动酒杯让酒与空气接触以增加酒味的醇香,注意不要猛烈摇晃酒杯。此外,一饮而尽、边喝边透过酒杯看别人,都是失礼的行为。不要用手指直接擦杯沿上的口红印,用面巾纸擦较好。

3.喝汤也不能吸着喝

先用汤匙由后往前将汤舀起,汤匙的底部放在下唇的位置将汤送入口中,汤匙与嘴部成45°角,身体上半部略微前倾。碗中的汤剩下不多时,可用手将碗略微抬高。如果汤用有握环的碗装,可直接拿住握环端起来喝。

4.面包的吃法

先用两手撕成小块,再用左手拿来吃。吃硬面包时,用手撕不但费力而且面包屑会掉落满地,此时可用刀先切成两半,再用手撕成块来吃。用刀切时应避免像用锯子似的割面包,应先把刀刺入一半再切。切面包时可用手将面包固定,避免发出声响。

5.使用刀叉的方法

使用刀叉的基本原则是右手持刀或汤匙,左手拿叉。若有两把以上,应从最外面的一把依次向内取用。刀叉的拿法是轻握尾端,食指按在柄上。如果感觉不方便,可以换右手拿叉,但不要频繁更换以免显得粗野。吃较大的蔬菜时,可用刀叉来折叠分切。吃较软的食物时,可将其放在叉的平面上,用刀整理一下。

6.略作休息

如果吃到一半想放下刀叉略作休息,应把刀叉以"八"字形摆在盘子中央。刀叉不要伸出到盘子外面,因为这样不安全也不好看。边说话边挥舞刀叉是失礼的举动。用餐后,将刀叉平行在盘中摆好朝向四点钟方向即可。

课堂实训

一、实训准备

(一)所需物品

装饰盘、面包盘、黄油碟、主餐刀、鱼刀、汤匙、沙拉刀、主餐叉、鱼叉、沙拉叉、甜品叉、甜品匙、黄油刀、水杯、红葡萄酒杯、白葡萄酒杯、头盘及甜点餐盘各2个、10寸主菜餐盘2个(餐盘中贴上菜肴图片)、酱汁盅两个。

（二）实训内容

全班分组，4人一组进行情景模拟训练。请按照以下情景进行设计演练：一至两位客人到西餐厅进行西餐零点或宴会用餐，一位服务员为客人提供服务，其中包括菜品介绍及推荐、上菜流程服务。一位点评员负责记录，服务结束后进行点评。练习结束后，由本小组成员、其他小组成员和教师开展综合评价，并填入评分表。其中：本组打分占比30%；他组打分为其他小组打分的平均分，占比30%；教师打分占比40%。

二、任务评价表

西餐上菜服务模拟评分表如表7-3-2所示。

表7-3-2　西餐上菜服务模拟评分表

评价项目	评价内容	分值	组内评价	其他组评价	教师评价
工作准备	物品准备正确、充分	10			
	仪容仪表符合行业要求	10			
实训过程	菜品介绍、推荐准确	30			
	上菜顺序正确	30			
结束工作	操作台整理干净	10			
	物品归位	10			
合计		100			

三、填充任务单

西餐上菜顺序操作步骤如表7-3-3所示。

表7-3-3　西餐上菜顺序操作步骤

上菜顺序	菜品类型	步骤
第一道	头盘、开胃菜	可采取一次上两人位的方式，如一次为两位以上的客人上菜，可使用_____，注意卫生，手拿餐碟_____
第二道	汤	上汤前注意_____；上汤时注意_____，手拿汤碗边缘
第三道	副菜	撤去_____，摆放副菜，如有搭配调味汁，调味汁需与主菜一同上桌，菜品展示面朝向客人
第四道	主菜	上主菜时注意餐食的摆放方式，菜品_____对着客人，如有搭配调味汁，调味汁需与_____一同上桌

续表

上菜顺序	菜品类型	步骤
第五道	甜点	上甜点时注意要帮助客人把餐碟上方的_____移动到餐碟_____（左叉右勺）
第六道	咖啡、茶	上咖啡和茶时注意搭配_____一起上桌；如客人有特殊需求，按需要处理即可

项目八
西餐服务餐前准备

项目导读

充分的餐前准备工作是良好的餐厅服务、高效流畅的餐厅营运工作的重要保证,餐前准备工作不仅能够为服务员后续的服务工作奠定良好的基础,而且也能很好地分担服务员在餐中服务过程中的压力。

项目目标

1. 掌握西餐零点、宴会的餐前准备要求;
2. 熟悉常见的西餐服务物品;
3. 掌握零点餐厅摆台、美式摆台、英式摆台、法式摆台、西餐宴会摆台技能。

任务一　个人物品及环境准备

知识准备

随着世界文化的不断融合及人们生活水平的提高,西餐礼仪已成为酒店服务必不可少的一部分,规范和标准的西餐服务是酒店服务人员必须掌握的技能之一。

操作规范

一、个人仪容仪表方面准备

西餐服务员仪容端庄大方,着装整齐美观,可使就餐的客人见而生喜,从而在心理上产生一种信任感、愉悦感,有助于更好地为客人提供服务,因此,开始工作前要做好个人的仪容仪表方面的准备。

(一)头发

男性西餐服务员不宜留长发或蓬松的发式,女性西餐服务员头发过领口应扎起,不宜披头散发,额前刘海不得压眉,不得让头发遮住脸。在服务过程中,西餐服务员不要使用刺激的、气味重的发胶、发乳、头油等。

(二)口腔

保持口腔干净,尽量少抽烟、不喝浓茶,上班期间不吃生葱、生蒜等有刺激性气味的食物,如发现自己口腔有异味,可以漱口或者嚼口香糖以减少异味,但在客人面前或与客人交谈时不宜嚼口香糖。

(三)手

保持双手清洁,养成勤洗手的习惯,及时清除掉污物,不能留长指甲,指甲的长度不应超过手指指尖。不宜使用有色指甲油,最好不要涂任何指甲油,以免污染菜肴。

(四)面容

1. 男性西餐服务员的面容要求

上班前应该清洁面部并剃须,不留小胡子、大鬓角。露出鼻孔的鼻毛要及时修剪,不宜化妆。

2. 女性西餐服务员的面容要求

每天都洁面、护肤,眉毛要定期修整,以自然眉为主,适当化淡妆,精神饱满,避免喷洒味道浓烈的香水,以免影响客人对菜肴的感受。

二、着装方面

规范、整洁、得体的着装是西餐服务人员仪表的重要内容。

(一)制服/工作服的要求

(1)工作时间只能穿酒店发放的制服/工作服,并且不能随意搭配。

(2)制服要保持平整、整洁,裤线整齐,若发现有污迹、开线、缺扣子等情况时要立即更换。

(3)在岗时,制服/工作服的纽扣要全部扣好,穿西装制服时,不论男女,第一颗纽扣必须扣好,不得敞开外衣。

(4)在规定的制服换洗日一定要换洗制服/工作服,以免有异味。

(5)只穿酒店发放的普通式样的衬衣。

(6)经常检查领带/领结是否系正,脏了要及时换洗。

(二)脚部的要求

(1)穿酒店发放的黑色布鞋或皮鞋。

(2)上岗前要擦拭皮鞋,布鞋要经常洗刷。

(3)女士要穿与肤色相同或岗位制服要求的颜色的袜子。

(4)男士要穿黑色或深色的袜子。

(三)名牌的要求

(1)当班时必须佩戴名牌。

(2)名牌戴在左胸前,距左腋下1厘米、横向5厘米,要注意戴正。

三、西餐摆台用品准备

西餐摆台开始前应准备好如下用具。

(一)刀叉类

沙拉刀、沙拉叉、汤勺、鱼刀、鱼叉、正餐刀、正餐叉、牛排刀、牛排叉、黄油刀、点心刀、点心叉。

(二)杯具类

水杯、红葡萄酒杯、白葡萄酒杯。

(三)瓷器餐具

展示盘、主菜盘、开胃菜盘、面包盘、汤盅、甜品盘、汤碗、黄油碟、咖啡杯及咖啡碟、茶杯及垫碟、咖啡壶、茶壶、布丁盅、奶盅、糖罐、胡椒瓶、盐瓶、餐巾环、烟灰缸、花瓶。

(四)布草类

休闲餐厅要准备好桌布,西餐宴会要准备好桌布、口布。

除上述物品外,还要准备好宝宝座椅、宝宝餐具,以及茶叶、餐巾纸、厕纸、打火机、开瓶器、手套、垃圾桶、垃圾袋、打包袋、打包盒等。

在物品准备的时候应该注意卫生,分类整齐摆放,客人进口的物品和手拿的物品要分开存放,有水的物品和没水的物品要分开摆放。

四、环境准备

西餐厅不仅仅是就餐的场所,更是社交的空间,因此非常注重隐秘性。餐桌的设计大部分为矩形,坐2~6人为宜,将鲜花和蜡烛做装饰品置于餐桌上。西餐厅十分注重用餐的氛围,迷离的光影、华丽的桌布、精致的餐具等共同构成了西餐厅的特色。

（一）卫生准备

检查餐厅的各个角落,不论是餐厅天花板、地面,还是人行通道,都要清扫干净,保持地面无油渍、无水迹、无卫生死角、无杂物,为客人营造一个干净舒适的环境。检查台面的餐具是否完整,有无水渍、污渍、油渍,以及台面摆放是否规范。检查桌椅是否完整,有无灰尘,并按要求摆放到位。所有玻璃器皿(杯具、茶几、窗户)保持干净明亮,无水渍、指纹等。

（二）整体环境

保持空气清新,地面保持干净无杂物、无油渍、无灰尘,餐厅顶部或角落处无蜘蛛网。保持包厢内光线充足,灯具照明正常。提前开启空调,空调温度适中,营造一个舒适的环境,一般餐厅温度冬季应保持在16~22℃,夏季应保持在24~28℃,餐厅湿度冬季应保持在50%~55%,夏季应保持在45%~50%。餐厅内播放背景音乐,背景音乐的音量适中,音质良好。养护并合理摆放餐厅内的绿色植物,确保绿色植物的健康与美观。

服务员在完成一系列准备工作后,餐厅管理者要对准备情况进行全面检查,以确保准备工作的充分、完备,能够为客人提供优质、满意的服务。

课堂实训

一、实训准备

（一）所需物品

1. 服务用具

(1)勺类用具:长柄汤勺、沙拉服务匙等。

(2)刀类用具:服务用鱼刀、奶酪刀、蛋糕刀、切割用刀等。

(3)叉类用具:服务用鱼叉、切割用叉、沙拉服务叉等。

(4)装盛用具:蔬菜斗(又称沙司斗)、盅(如果酱盅、蛋盅、盐瓶、洗手盅、白脱盅、糖罐等)。

(5)特殊菜品用具:蜗牛夹和叉、通心面夹、龙虾夹和叉、坚果捏碎器等。

2.客用餐具

(1)餐刀:鱼刀、正餐刀(主菜刀)、黄油刀、甜品刀等。

(2)匙:冰激凌匙、汤匙、咖啡匙、茶匙、甜品匙等。

(3)餐叉:鱼叉、正餐叉、开胃品叉、龙虾叉、蜗牛叉、生蚝叉等。

(4)杯:水杯、白兰地杯、香槟酒杯、红葡萄酒杯、白葡萄酒杯、甜酒杯、雪利酒杯等。

(5)盘:装饰盘、面包盘、黄油盘等。

3.餐桌服务用品

(1)洗手盅:客人食用带壳食物后的洗手用具。

(2)芥末盅:专门用来装调味品芥末的用具。

(3)胡椒磨:用来现磨胡椒或花椒的工具。

(4)其他常见用品:盐瓶、胡椒瓶、带盖黄油碟、酒瓶垫、油醋架等。

(二)实训内容

正确使用西餐餐具。由本小组成员、其他小组成员和教师开展综合评价。本组打分占比30%;他组打分为其他小组打分的平均分,占比30%;教师打分占比40%。

二、任务评价

西餐餐具使用方法考核表如表8-1-1所示。

表8-1-1　西餐餐具使用方法考核表

评价项目	评分细则	分值	本组打分	他组打分	教师打分
物品准备	服务用具、客用餐具、餐桌服务用品	10			
操作过程	正确使用勺类用具	10			
	正确使用服务用鱼刀、奶酪刀、蛋糕刀、切割用刀	5			
	正确使用服务用鱼叉、切割用叉、沙拉服务叉	10			
	正确使用鱼刀、正餐刀(主菜刀)、黄油刀、甜品刀	5			
	正确使用冰激凌匙、汤匙、咖啡匙、茶匙、甜品匙	10			
	正确使用鱼叉、正餐叉、开胃品叉	10			
	正确使用水杯、红葡萄酒杯、白葡萄酒杯	10			

续表

评价项目	评分细则	分值	本组打分	他组打分	教师打分
操作过程	餐桌服务用品摆放正确	10			
操作过程	操作神态自然,具有亲和力,体现岗位气质	10			
结束工作	工作台整理干净	5			
结束工作	物品归位	5			
	合计	100			

三、填充任务单

正确使用西餐餐具任务清单如表8-1-2所示。

表8-1-2　正确使用西餐餐具任务清单

任务内容	步骤
餐具分类	西餐餐具分为_____、_____、_____
刀、叉、勺	刀叉勺进餐时的使用顺序为_____; 右手持_____,左手持_____; 暂停用餐时刀叉呈_____,停止用餐时刀叉_____
面包盘、黄油刀、黄油碟	面包盘盘边距开胃品叉_____厘米,面包盘中心与_____中心对齐,黄油刀置于面包盘内_____侧_____处,黄油碟摆放在黄油刀尖_____,间距均等
餐匙	餐匙用于取_____,不能用茶匙舀取_____
餐巾	餐巾应放在_____; 餐巾的用途为_____,餐巾不能用来擦_____

任务二　西餐摆台服务

知识准备

西餐摆台分为零点餐摆台和宴会摆台两种。西餐餐台通常用的是长桌或方桌,宴会使用的餐桌可由方桌、长方桌、半圆桌拼接而成。西餐就餐方式实行分餐制,摆台按照不同的用餐方式采用不同的摆设,同时,西餐的摆放因服务方式不同也有不同之处。

操作规范

一、零点餐厅摆台

零点餐厅是指按客人的个人口味随意点菜、按数结账、自行付款的餐厅。零点餐厅早、中、晚都供应西餐,是酒店中最主要的餐厅。零点餐厅以桌边服务为主,并使用点菜菜单,服务技术要求高,体现酒店的服务档次和水平。零点餐厅摆台按餐厅规定铺设餐台,准备客人所用餐具,要求统一、规范、整齐、美观。

无论采用何种摆台方式,在摆放西餐餐具之前都应把边台包好,桌布铺好,将摆台所需物品整齐放于边台上。包边台操作步骤如表 8-2-1 所示。

表 8-2-1　包边台操作步骤

操作步骤	详细做法	步骤图
包边台	站在边台里侧将一张边台布垂直平铺,不能触地,四边折叠整齐,下垂均匀,棱角分明无间隙。以同样的方式站在边台外侧进行操作,两张边台布把餐桌四周包起来,台面平整,台裙无分叉。	图 8-2-1、图 8-2-2

图 8-2-1　包边台

图 8-2-2　包第二张边台布

铺桌布操作步骤如表 8-2-2 所示。

表 8-2-2　铺桌布操作步骤

操作步骤	详细做法	步骤图
准备工作	用湿毛巾清理桌面,桌椅摆放整齐,检查摆台所需物品是否完整	
摆台准备	摆台所需物品整齐摆放在边台上备用	图 8-2-3
找定位	根据餐厅的装饰、布局确定席位,餐厅服务员站立在主人位餐椅处,距餐台 40 厘米,将选好的台布放于主人位处的餐台上	
转椅	以脚尖为支点将主人位一侧的餐椅侧转 90°	
打开折叠桌布	站在主人位,双手打开折叠好的桌布	图 8-2-4

续表

操作步骤	详细做法	步骤图
推铺	将台布横向翻开，开口朝向自己，中凸线对准桌子纵轴，两手臂张开，距离相等，用拇指与食指均匀捏住单层台布左右两侧，前倾身体，将台布向餐桌中央推出去的同时松手放下底层台布边，采用推拉方式，将台布慢慢拉向身体一侧	图8-2-5
椅子复位	以脚尖为支点将主人位餐椅转回原位	
整理	将台布拉正后放下，整理桌布四角	图8-2-6、图8-2-7

图8-2-3 边台物品摆放

图8-2-4 打开折叠桌布

图8-2-5 推铺

图8-2-6 叠拉桌布

图8-2-7 整理桌布

（一）便餐服务摆台

便餐服务摆台步骤如表 8-2-3 所示。

表 8-2-3　便餐服务摆台步骤

操作步骤	详细做法	步骤图
摆放口布	将口布折成三角篷状，用托盘将折叠好的口布托至餐桌，摆放于餐桌席椅正前方，三角篷口布距桌边1厘米	图8-2-8
摆放餐刀、餐叉	用托盘操作，站在餐位右侧，用大拇指与食指捏拿刀叉把柄中部，主餐刀摆放在口布右侧1厘米处，刀口向左，主餐叉摆放在口布左侧1厘米处，叉齿向上	图8-2-9、图8-2-10
摆放面包盘、黄油刀	站在餐位左侧，面包盘摆于餐叉左侧，距离餐叉1厘米，面包盘中心与口布中心在一条直线上，黄油刀摆放在面包盘上右侧约三分之一处	图8-2-11
摆放黄油碟	黄油碟摆放于黄油刀上方，黄油刀尖正对黄油碟中心线，与刀尖相距3厘米	
摆放水杯	水杯摆放于主餐刀正前方，刀尖正对水杯中心，两者相距1厘米	图8-2-12
摆放花瓶、椒盐瓶、牙签盅	花瓶摆放于餐桌一侧的正中央，距桌边2厘米，椒盐瓶、牙签盅摆放于花瓶里侧，椒盐瓶、牙签盅相距1厘米	图8-2-13

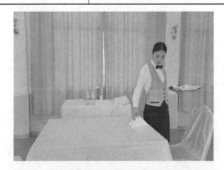

图 8-2-8　摆放口布

图 8-2-9　摆放餐刀

图 8-2-10　摆放餐叉

图 8-2-11　摆放面包盘、黄油刀

图 8-2-12　摆放水杯

图 8-2-13　摆放花瓶、椒盐瓶、牙签盅

（二）美式服务摆台

美式服务是简单和快捷的餐饮服务方式，一名服务员可以看数张餐台。美式服务简单、速度快，餐具费用和人工成本都比较低，空间利用率及餐位周转率都比较高，广泛用于咖啡厅和西餐宴会厅。

美式服务摆台步骤如表8-2-4所示。

表8-2-4　美式服务摆台步骤

操作步骤	详细做法	步骤图
摆放展示盘	握展示盘右侧，在座位正前方摆放展示盘，展示盘距离桌边1厘米，展示盘上放餐巾花	图8-2-14
摆放餐刀、餐叉	用托盘操作，站在餐位右侧，用大拇指与食指捏拿刀叉把柄中部。在展示盘右侧1厘米处摆放主餐刀，刀口向左，主餐刀右侧摆放汤匙，汤匙右侧再摆放咖啡匙，刀柄及匙柄距桌边1厘米。在展示盘左侧摆放主餐叉和沙拉叉，叉齿向上，叉柄距离桌边1厘米，刀叉最宽处相距1厘米	
摆放面包盘、黄油刀	站在餐位左侧，在餐叉前方摆放面包盘，沙拉叉正对面包盘中心线，两者相距2厘米，面包盘上方摆放黄油刀，刀身与桌边平行	
摆放水杯	以餐刀刀尖为基准，距餐刀1厘米处摆放水杯或者酒杯	
摆放花瓶、椒盐瓶、牙签盅	花瓶位于餐桌正中央，椒盐瓶、牙签盅摆放于花瓶一侧，椒盐瓶、牙签盅相距1厘米	图8-2-15

图8-2-14 摆放展示盘

图8-2-15 美式服务摆台

(三)英式服务摆台

英式服务摆台步骤如表8-2-5所示。

表8-2-5 英式服务摆台步骤

操作步骤	详细做法	步骤图
摆放展示盘	采用抠盘方式,握展示盘右侧,在座位正前方摆放展示盘,展示盘距离桌边1厘米,展示盘上放餐巾花	
摆放餐刀、餐叉	用托盘操作,站在餐位右侧,用大拇指与食指捏拿刀叉把柄中部,在展示盘右侧1厘米处摆放主餐刀、鱼刀,刀口向左,鱼刀右侧依次摆放甜品匙及汤匙,刀柄及匙柄距桌边1厘米。在展示盘左侧摆放主餐叉和鱼叉,叉齿向上,叉柄距离桌边1厘米,刀叉最宽处相距1厘米	
摆放面包盘、黄油刀	站在餐位左侧,在鱼叉左侧摆放面包盘,面包盘中心与展示盘中心在一条直线上,黄油刀摆放在面包盘右侧约三分之一处,刀身与餐刀平行	
摆放水杯	在汤匙正上方1厘米处摆放葡萄酒杯,葡萄酒杯左斜上方45°杯肚相距1厘米处摆放水杯,杯口向上	
摆放花瓶、椒盐瓶、牙签盅	花瓶位于餐桌正中央,椒盐瓶、牙签盅摆放于花瓶一侧,椒盐瓶、牙签盅相距1厘米	

(四)法式服务摆台

法式服务在西餐服务中是最高级别的餐饮服务。通常,法式服务用于扒房(Grill Room)的零点服务、高级中餐厅的零点服务及中餐贵宾厅服务,常使用高品质的瓷器、银器和水晶杯。这种服务使用手推车或服务桌服务,在服务现场实施菜肴加热,调味及切配表演。

法式服务摆台步骤如表8-2-6所示。

表 8-2-6　法式服务摆台步骤

操作步骤	详细做法	步骤图
摆放展示盘	采用抠盘方式,握展示盘右侧,在座位正前方摆放展示盘,展示盘距离桌边1厘米,展示盘上放餐巾花	
摆放餐刀餐叉	用托盘操作,站在餐位右侧,用大拇指与食指捏拿刀叉把柄中部,在展示盘右侧1厘米处摆放主餐刀,刀口向左,主餐刀右侧摆放汤匙,刀柄及匙柄距桌边1厘米。在展示盘左侧摆放主餐叉和沙拉叉,叉齿向上,叉柄距离桌边1厘米,刀叉最宽处相距1厘米	
摆放面包盘、黄油刀	站在餐位左侧,在沙拉叉左侧摆放面包盘,面包盘中心与展示盘中心在一条直线上,面包盘边距开胃品叉1厘米,黄油刀摆放在面包盘右侧约三分之一处,刀身与餐叉平行	
摆放甜品匙、甜点叉	展示盘正前方1厘米处摆放甜品叉,叉齿向上,叉柄向左,甜品叉正上方摆放甜品匙,匙柄向右,甜品匙与甜点叉之间相距0.5厘米	
摆放水杯、红葡萄酒杯、白葡萄酒杯	以主餐刀刀尖为基准,摆放水杯,水杯右斜下45°相距摆放红葡萄酒杯,红葡萄酒杯右斜下45°摆放白葡萄酒杯,三杯连成一条斜直线,与水平线成45°角杯肚之间相距1厘米,杯口向上	
摆放花瓶、椒盐瓶、牙签盅	花瓶位于餐桌正中央,椒盐瓶、牙签盅摆放于花瓶一侧,椒盐瓶、牙签盅相距1厘米	

二、西餐宴会摆台

准备好西餐宴会摆台所需物品,整齐放在操作台上备用。认真检查物品的完整度与清洁度,发现问题及时更换(图8-2-16)。

西餐宴会摆台步骤如表8-2-7所示。

表 8-2-7　西餐宴会摆台步骤

操作步骤	详细做法	步骤图
铺设台布	在餐桌两侧侧铺,操作动作规范,台布中凸线向上,两块台布中凸线对齐且两块台布重叠5厘米,主人位方向台布交叠在副主人位方向台布上,台布四周下垂均等,铺设操作最多四次整理成形	图8-2-17、图8-2-18
席椅定位	从席椅正后方进行操作,从主人位开始按顺时针方向摆设整齐,席椅之间距离相等,相对应的席位椅背中心对准,确保椅面边沿与下垂台布相距1厘米	图8-2-19

续表

操作步骤	详细做法	步骤图
铺桌旗	站在餐桌一侧中间位置，将卷起的桌旗放在餐桌中心处，双手同时打开桌旗至双手自然垂落位置，然后再双手同时用力将桌旗向两侧推开，将桌旗整齐均等铺面桌布上	图 8-2-20
摆放主题花	徒手操作，主题花放置于餐桌中央和台布中线上，主题花高度不超过 30 厘米	图 8-2-21
摆放展示盘	采用抠盘方式，握展示盘右侧，从主人位开始顺时针方向摆放，盘边距离桌边 1 厘米，展示盘中心与餐位中心对齐，盘与盘之间距离均等	图 8-2-22
摆放餐刀、勺	用托盘操作，站在餐位右侧，用大拇指与食指捏拿刀叉把柄中部，在展示盘右侧 1 厘米处摆放主餐刀，主餐刀右侧摆鱼刀，鱼刀距桌边 5 厘米，鱼刀右侧摆放汤勺，汤勺右侧摆放开胃品刀，刀口向左，刀柄及勺柄距桌边 1 厘米，刀柄距离桌边 1 厘米，刀叉最宽处相距 1 厘米	图 8-2-23
摆放餐叉	用托盘操作，站在餐位左侧，用大拇指与食指捏拿刀叉把柄中部，在展示盘左侧 1 厘米处摆放主餐叉，主餐叉左侧摆鱼叉，鱼叉距桌边 5 厘米，鱼叉左侧摆放开胃叉	图 8-2-24
摆放面包盘、黄油刀	站在餐位左侧，在开胃品叉左侧摆放面包盘，面包盘中心与展示盘中心在一条直线上，黄油刀摆放在面包盘上右侧约三分之一处，刀身与餐叉平行	图 8-2-25
摆放甜品匙、甜品叉	展示盘正前方 1 厘米处摆放甜品叉，叉齿向上，叉柄向左，甜品叉正上方摆放甜品匙，匙柄向右，甜品匙与甜品叉之间相距 0.5 厘米	图 8-2-26
摆放水杯、红葡萄酒杯、白葡萄酒杯	以开胃品刀刀尖为基准，相距 1 厘米处摆放白葡萄酒杯，白葡萄酒杯左斜上 45°相距 1 厘米处摆放红葡萄酒杯，红葡萄酒杯左斜上 45°处摆放水杯，三杯呈一条斜直线，与水平线成 45°角，杯肚之间相距1厘米，杯口向上	图 8-2-27
摆放烛台	徒手操作，使用三头烛台，两个烛台与盆花相距 20 厘米，烛台底座中心压台布中凸线上，两个烛台方向一致，与主题花的摆放呈一条直线	图 8-2-28
摆放牙签盅	两个牙签盅分别摆放于烛台两侧，与烛台成直线，相距 10 厘米，牙签盅中心压在台布中凸线上	
摆放胡椒瓶、盐瓶	胡椒瓶、盐瓶分别摆放于牙签盅外侧，桌布中骨线两侧，胡椒瓶与盐瓶间距 1 厘米，左椒右盐，胡椒瓶、盐瓶与牙签盅相距 1 厘米	图 8-2-29
摆放餐巾花	在大盘里放入餐巾花，操作符合卫生要求，餐巾花以盘花为主，造型美观、大小一致，突出主人位，餐巾花在盘中摆放一致，左右呈一条直线	图 8-2-30
检查桌面	检查桌面上物品摆放是否齐全，餐具是否对称完整，如发现问题及时纠正，弥补不足	图 8-2-31

铺桌旗

摆桌花、餐盘

摆放刀叉

摆放水杯、酒杯

摆放烛台

折餐巾

摆放餐巾

Note

项目八　西餐服务餐前准备

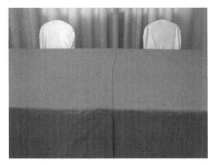

图 8-2-16　物品准备

图 8-2-17　铺设台布 1

图 8-2-18　铺设台布 2

图 8-2-19　席椅定位

图 8-2-20　铺桌旗

图 8-2-21　放主题花

8-2-22　摆放展示盘

图 8-2-23　摆放餐刀、勺

图 8-2-24　摆放餐叉

图 8-2-25　摆放面包盘、黄油刀

图 8-2-26　摆放甜品匙、甜品叉

图 8-2-27　摆放水杯、红葡萄酒杯、白葡萄酒杯

图 8-2-28　摆放烛台

图 8-2-29　摆放胡椒瓶、盐瓶

图 8-2-30　摆放餐巾花

图 8-2-31　检查桌面

思政园地

西餐的用餐方式非常讲究,不同的菜品配备不同的餐具、用具和酒具。因此在摆台的时候,不仅要按照上菜的顺序进行餐具酒杯的摆放,同时还要方便客人使用。在整个摆台过程中,服务员应养成良好的卫生习惯,操作过程符合卫生标准与操作标准。

知识拓展

西餐摆台的注意事项

(1)展示盘居中,叉子在左,刀、匙在右,刀口向左,刀尖、汤匙向上。
(2)摆放刀、叉、勺等餐具时,应持柄端。
(3)酒杯放在刀、匙上方,从上到下依次为水杯、红葡萄酒杯、白葡萄酒杯。
(4)西餐摆台中常用盘花,将整理成型的盘花居中摆放于盘内。

课堂实训

一、实训准备

(一)所需物品

沙拉刀、沙拉叉、汤勺、鱼刀、鱼叉、正餐刀、正餐叉、牛排刀、牛排叉、黄油刀、甜品叉、甜品匙;水杯、红葡萄酒杯、白葡萄酒杯;展示盘、餐巾、零点餐厅桌布、西餐宴会桌布;每组一张操作台、零点餐厅餐桌、西餐宴会餐桌。

(二)实训内容

练习零点餐厅服务摆台、西餐宴会服务摆台。练习结束后,由本小组成员、其他小组成员和教师开展综合评价,并填入评分表。其中:本组打分占比30%;他组打分为其他小组打分的平均分,占比30%;教师打分占比40%。

二、任务评价

零点餐厅服务摆台评分表如表8-2-8所示。

表8-2-8 零点餐厅服务摆台评分表

评价项目	评分细则	分值	本组打分	他组打分	教师打分
物品准备	物品准备正确、充分	10			

续表

评价项目	评分细则	分值	本组打分	他组打分	教师打分
操作过程	包边台方法正确,符合卫生标准	10			
	边台物品摆放整齐,符合操作规范	5			
	铺桌布方法正确	10			
	口布、餐刀餐叉摆放正确	5			
	面包盘、黄油刀摆放正确	10			
	水杯、花瓶、椒盐瓶、牙签盅摆放正确	10			
	操作动作规范、熟练、轻巧、自然、不做作	10			
	托盘方法正确,操作规范;餐具拿捏方法正确,卫生安全	10			
	操作神态自然,具有亲和力,体现岗位要求	10			
结束工作	工作台整理干净	5			
	物品归位	5			
合计		100			

西餐宴会服务摆台评分表如表8-2-9所示。

表8-2-9　西餐宴会服务摆台评分表

评价项目	评分细则	分值	本组打分	他组打分	教师打分
物品准备	物品准备正确、充分	5			
操作过程	铺台布方法正确	10			
	餐椅定位标准	5			
	展示盘操作方法正确	10			
	刀、叉、勺操作正确,摆放距离标准	10			
	面包盘、黄油刀摆放正确	10			
	主题花、烛台操作正确、摆放标准	5			
	椒盐瓶、牙签盅摆放正确	5			
	餐巾花折叠方法正确、卫生,摆放规范	10			
	托盘方法正确,操作规范;餐具拿捏方法正确,卫生安全	5			
	操作动作规范、熟练、轻巧、自然、不做作	5			
	操作神态自然,具有亲和力,体现岗位要求	10			

续表

评价项目	评分细则	分值	本组打分	他组打分	教师打分
结束工作	工作台整理干净	5			
	物品归位	5			
	总分	100			

三、填充任务单

(一)零点餐厅服务摆台

零点餐厅服务摆台任务清单如表8-2-10所示。

表8-2-10 零点餐厅服务摆台任务清单

任务内容	步骤
包边台	包边台操作正确规范、卫生,边台布不接触地面,距离地面_____到_____;包好边台四个角,台面_____无多余褶皱,边台物品摆放整洁有序,符合卫生要求
摆放刀、叉、勺	刀、叉、勺由_____向_____摆放,距桌边距离均等,刀叉勺之间及与其他餐具间距离_____,整体协调、整齐
摆放面包盘、黄油刀、黄油碟	面包盘边距开胃品叉_____厘米,面包盘中心与_____中心对齐,黄油刀置于面包盘_____侧_____处,黄油碟摆放在黄油刀尖_____,间距均等
摆放杯具	摆放_____位置
餐巾盘花	在_____上操作,折叠方法正确、卫生,造型美观、大小一致,突出_____
操作动作与西餐礼仪	托盘方法正确,操作规范;拿捏餐具_____,卫生安全,操作动作规范、熟练、轻巧、自然、不做作

(二)西餐宴会餐厅服务摆台

西餐宴会服务摆台任务清单如表8-2-11所示。

表8-2-11 西餐宴会服务摆台任务清单

任务内容	步骤
铺台布	台布中凸线向_____,重叠部分均等、整齐,台布四边_____均等,台布铺设方法正确,最多_____整理成形
餐椅定位	从_____位开始_____时针进行,从席椅_____方操作,席椅之间距离_____,相对席椅的椅背_____对准,席椅边沿与下垂台布距离均等

续表

任务内容	步骤
摆放展示盘	盘边离桌边距离均等，与餐具_____呈一条线，装饰盘_____与餐椅_____对准，盘与盘之间距离_____
摆放刀、叉、勺	刀、叉、勺由_____向_____摆放，距桌边距离均等，刀、叉、勺之间及与其他餐具间距离_____，整体协调、整齐
摆放面包盘、黄油刀、黄油碟	面包盘边距开胃品叉_____厘米，面包盘中心与装饰盘中心_____，黄油刀置于面包盘内右侧_____处，黄油碟摆放在黄油刀尖正上方，间距均等
摆放杯具	摆放顺序：_____葡萄酒杯、_____葡萄酒杯、水杯（白葡萄酒杯摆在开胃品刀的正上方，杯底距开胃品刀尖1厘米），三杯与水平线成_____角，各杯间距均等
摆放中心装饰物	中心装饰物中心置于餐桌中央和台布_____上，中心装饰物主体高度不超过____厘米
摆放烛台	烛台与中心装饰物间距均等，烛台底座中心压台布_____线，烛台方向_____
摆放牙签盅、胡椒瓶、盐瓶	牙签盅中心压在台布_____线上，与烛台底边间距均等，_____椒_____盐，与牙签盅、台布中凸线间距均等
餐巾盘花	在平盘上操作，折叠方法正确、卫生，在餐盘中摆放_____，_____面朝向客人；造型美观、大小一致，突出_____位

项目九 西餐服务

项目导读

欧洲贵族是第一批接触到西餐的群体。随着时间的推移,西餐经历了多次演变,形成了如今常见的美式服务、法式服务、英式服务和俄式服务。美国、法国、英国、俄罗斯等国家在政治、经济和文化上都有着很大的差异,正是由于这些差异,西餐才形成了不同种风格。本项目将重点介绍美式服务、法式服务、英式服务、俄式服务及自助餐。

项目目标

1. 掌握美式服务、法式服务、英式服务、俄式服务的特点及原则;
2. 掌握美式服务、法式服务、英式服务、俄式服务的服务流程;
3. 了解美式服务、法式服务、英式服务、俄式服务的优缺点;
4. 了解西式自助餐的基本概念;
5. 掌握西餐宴会服务流程。

任务一 美式服务

知识准备

一、美式服务的特点及原则

美式服务产生于美国,又称盘子服务、手臂式服务,是一种简单又便捷的休闲式餐饮服务。在美式服务中,客人所点的菜肴按人数在厨房进行烹调及摆盘,每人一份,由服务员按序端给客人,服务员端出后直接上桌,仅需简单的服务技巧。美式服务注重休闲的就餐氛围,这种最简便、最迅速的服务方式,使得餐桌周转率相对较高,服务员只需简单的岗前培训即可上岗。一位服务员可同时负责2~4桌甚至更多的客人。由于所需服务员较少,人工成本较低,美式服务具有较强的推广性,所以能广泛运用于咖啡厅、西餐宴会厅等多场景。在我国,采用美式服务的餐厅有西堤牛排等。

早期美国人认为"吃"是一种短暂的补给活动,要求简单、快速的餐饮服务,因此传统美式服务在客人左侧上菜,随后立即从右侧撤掉残盘与残杯,即所谓的"左上右撤"服务原则。但如今,更多的餐厅进行美式服务时,服务员在客人的右侧,以右手顺时针方向上菜,即遵循"右上右撤"原则。由此总结而知,传统美式服务遵循"左上右撤"服务原则,现代美式服务遵循"右上右撤"服务原则。

二、美式服务的服务流程

美式服务流程与其他类型服务相比,有着很大区别。美式服务程序一般由以下几个步骤组成。

(1)客人进入餐厅时,引导其入座。

(2)以右手自客人右侧为客人倒水。

(3)递上菜单,介绍菜品及酒水,可根据客人的性别、年龄、职业和喜好,有针对性地提供建议及帮助。

(4)确认客人点单,并逐项复述,确定无误。

(5)以右手自客人左侧为客人提供黄油及面包。

(6)根据客人点单更换餐具。

(7)以右手从客人右侧供应菜肴及饮料,再以顺时针方向服务下一位客人;若同桌均为男性,则优先服务客人;如果同桌有女士、年长者或小孩,则优先服务女士、年长者或小孩。

(8)遵循"右上右撤"的原则,上菜均以右手自客人右侧上菜,以右手自客人右侧为客人撤盘。

(9)客人吃完主菜时,应注意客人是否需要添加酒水或其他服务。

(10)供应甜点前,须先清除桌面残余面包屑或残渣。

(11)以右手自客人右侧为客人提供咖啡、茶水服务。

(12)询问客人意见。

(13)将账单准备妥当,并查验是否错误,确认后交由客人或将账单翻面放置于主人左侧。

(14)送客并致谢。

三、美式服务的优缺点

(一)美式服务的优点

(1)美式服务多以套餐形式供应,易于掌控餐食的质量及分量。

(2)服务用设备较少,设备成本较低。
(3)服务过程无须太多复杂的服务技巧,新进人员易于培训。
(4)1位服务员可服务2~4桌客人,人事成本较低。
(5)服务讲求效率,翻台率较高。
(6)用餐区可设置较多的座位,空间利用率较高。
(7)营运成本较低,餐点价格较低,客人接受度高。

(二)美式服务的缺点

(1)菜肴直接送至餐桌,不提供桌边烹调或切割服务,服务员与客人的互动较少,个性化服务程度低。
(2)若服务员的供餐速度太慢,菜肴容易冷掉而影响口感。
(3)服务所需的专业技能较少,工作内容较单调,易使服务员的工作热情变低。

操作规范

美式服务的操作流程如表9-1-1所示。

表9-1-1 美式服务的操作流程

操作步骤		详细做法	步骤图
餐前准备	物品准备	(1)根据预订情况为客人选定餐桌; (2)根据预订人数进行台面布置,按美式服务要求正确摆放餐具; (3)准备边台桌,备足服务所需餐具及相关用具	
	环境准备	(1)检查餐厅各类设施设备、环境卫生、室内温度等是否符合要求; (2)再次确认摆台,检查物品有无遗漏; (3)检查并整理着装,做好迎客准备	
席间服务	迎客	(1)在餐厅入口处迎接并问候客人,询问客人是否有预订,如果客人已预订,应向客人确认预订人姓名及就餐人数,无误后,引领客人到事先安排妥当的餐桌入座,如果无预订,则根据客人实际需求及餐厅营业状况引领客人入座; (2)引领客人到餐桌旁,帮客人拉椅、开餐巾,注意服务顺序,应遵守先宾后主的原则,如有女士用餐则优先服务女士	

迎宾、倒水

续表

操作步骤		详细做法	步骤图
席间服务	对客服务	（1）客人落座后，在客人右侧呈上菜单、酒水单，为客人介绍菜品，同理，递送菜单时应遵守先宾后主的原则，如有女士用餐则优先服务女士；	图9-1-1
		（2）记下客人的点单并复述每位客人所点的菜品及酒水；	图9-1-2
		（3）为客人斟倒餐前饮料及酒水；	
		（4）为客人提供餐前面包，同时奉上黄油，注意黄油从客人左侧上；	图9-1-3
		（5）根据客人点单调整餐具，使每道菜肴与餐具相配； （6）按照美式服务的上菜顺序依次上菜、撤盘，注意客人用完每道菜都应同时撤走用过的餐具，不要单独帮一位客人撤餐具，应等所有客人都用完后同时撤，餐盘可以徒手撤，但玻璃杯、黄油碟等小件物品则必须使用托盘； （7）在客人用餐过程中需进行巡台，观察客人的用餐情况，提供续水、续酒服务，尽可能地满足客人提出的个性化要求；	
		（8）上甜品前，应撤掉主菜盘、刀叉、面包、椒盐瓶及黄油等，桌面上仅保留水杯，使用台刷清理面包屑，保持餐桌干净、整洁； （9）客人用甜品后，提供咖啡或茶服务，无论客人点咖啡或茶都送上糖盅、奶盅，注意糖盅、奶盅可摆放于餐桌中间供多人使用	图9-1-4
	客人意见	（1）询问客人意见，如客人提出意见，餐厅服务员应及时记录并表示感谢； （2）定期整理客人意见，形成客史档案	
餐后送客	结账服务	如客人示意结账，餐厅服务员应检查账单是否正确，随后将账单夹在账单夹中递送给客人，或翻面置于桌面上，无须读出消费金额	
	送客服务	（1）客人起身离座时，帮助客人拉椅并提醒客人带齐随身物品； （2）礼貌地向客人道谢，欢迎客人下次光临	
	清理台面	（1）立即收拾餐桌，同时检查是否有客人的遗留物品； （2）清理桌面、工作台，分类收拾好餐具，物品归位，为迎接下一批客人做好准备	

点餐

示酒、开酒瓶

倒酒

加酒、收餐盘

清理桌面

收酒杯、餐盘

点茶、咖啡

Note

项目九　西餐服务

图9-1-1　介绍菜肴及酒水

图9-1-2　为客人点单

图9-1-3　自客人左侧上面包、黄油　　　图9-1-4　清理面包渣

送客

课堂实训

一、实训准备

（一）所需物品

准备美式服务需要的服务用具、客用餐具、餐桌服务用品（详见项目八任务一的实训准备）。

（二）实训内容

练习美式服务流程，练习结束后，由本小组成员、其他小组成员和教师开展综合评价，并填入评分表。其中：本组打分占比30%；他组打分为其他小组打分的平均分，占比30%；教师打分占比40%。

二、任务评价

美式服务评分表如表9-1-2所示。

表 9-1-2　美式服务评分表

评价项目	评分细则	分值	本组打分	他组打分	教师打分
仪容仪态	制服干净整洁,发型符合职业要求； 不佩戴过于醒目的饰物； 指甲干净、整齐,不涂有色指甲油； 工作中站姿、走姿优美,表现专业	10			
餐前准备	确认餐用具清洁； 餐台桌布摆放正确、平整及美观,方便客人使用	20			
社交技能	整个服务过程语言流利,使用专业术语； 热情且真诚地迎宾,帮助客人入座,呈送菜单并做专业介绍	20			
餐食服务	询问客人并提供酒水服务,适时为客人续酒	5			
	正确调整客人餐具、用具	5			
	正确提供面包服务	5			
	上菜顺序正确,餐食摆放方式正确	5			
	采用美式服务方式提供服务	10			
	正确提供咖啡或茶服务	5			
餐后服务	礼貌送客并询问客人意见； 整理工作台及餐台,保持环境整洁； 物品归位	15			
合计		100			

三、填充任务单

美式服务任务单如 9-1-3 所示。

表 9-1-3　美式服务任务单

任务内容		步骤
餐前准备	物品准备	(1)根据预订为客人选定餐桌； (2)根据预订人数为台面进行布置,按_____要求正确摆放餐具； (3)准备_____,备足服务所需餐具及相关用具
	环境准备	(1)检查餐厅各类设施设备、环境卫生、_____等是否符合要求； (2)再次确认摆台,检查物品有无遗漏； (3)检查并整理着装,做好迎客准备
席间服务	迎客	(1)在餐厅_____迎接并问候客人,询问客人_____,如果客人已预订,应向客人确认_____,无误后,引领客人到事先安排妥当的餐桌入座,如果无预订,则根据客人实际需求及餐厅营业状况引领客人入座； (2)引领客人到餐桌旁,帮客人拉椅、开餐巾,注意服务顺序,应遵守_____的原则,如有_____用餐则优先服务_____

续表

任务内容		步骤
席间服务	对客服务	(1)客人落座后,在客人右侧呈上菜单、酒水单,为客人介绍菜品,同理,递送菜单时应遵守_____原则,如有_____用餐则优先服务_____; (2)记下客人的点单并复述每位客人所点的菜品及酒水; (3)为客人斟倒_____; (4)为客人提供餐前面包,同时奉上黄油,注意黄油从客人_____上; (5)根据客人点单_____,使每道菜肴与餐具相配; (6)按照美式服务的上菜顺序依次上菜、撤盘,注意客人用完每道菜都应同时撤走用过的餐具,不要_____帮一位客人撤餐具,应等所有客人都用完后_____撤,餐盘可以_____撤,但玻璃杯、黄油碟等小件物品则必须使用_____; (7)在客人用餐过程中需进行巡台,观察客人的用餐情况,提供_____服务,尽可能地满足客人提出的个性化要求; (8)上_____,应撤掉主菜盘、刀叉、面包、椒盐瓶及黄油等,桌面上仅保留_____杯,使用台刷清理面包屑,保持餐桌干净、整洁; (9)客人用甜品后,提供_____服务,无论客人点咖啡或茶都送上适量的糖盅、奶盅。注意糖盅、奶盅可摆放于餐桌_____供多人使用
	客人意见	(1)询问客人意见,如客人提出意见,餐厅服务员应及时记录并表示感谢; (2)定期整理客人意见,形成_____
餐后送客	结账服务	如客人示意结账,餐厅服务员应检查账单是否正确,随后将账单夹在账单夹中递送给客人,或_____置于桌面上,无须_____
	送客服务	(1)客人起身离座时,帮助客人拉椅并提醒客人_____; (2)礼貌地向客人道谢,欢迎客人下次光临
	清理台面	(1)立即收拾餐桌,同时检查是否有_____; (2)清理桌面、工作台,分类收拾好餐具,物品归位,为迎接下一批客人做好准备

思政园地

斯坦福大学有一项实践项目,要求设计一个成本仅为医用恒温箱1%的替代产品。恒温箱售价高达2万美金,在贫困地区,大量早产儿只能采用热水袋或恒温灯保温,效率低且有安全隐患,一名学生通过实验,设计了一款"婴儿睡袋+蜡包"的产品作为替代品。该产品方便携带,还能反复使用,而且将成本降低到原产品成本的0.1%。随后该产品陆续投放到印度、尼泊尔等地,大量早产儿得到了拯救。这个例子可以启发大家,任何人都应把社会责任融入学习中,利用所学回馈于社会,这才能体现知识的力量,从而改变世界。我们应该认识到,学习是为了掌握知识去帮助他人,同时在这个过程中实现自己的价值,成为有责任、有担当的人。

知识拓展

"有温度的服务"

怎样给客人提供留下深刻印象的良好服务,是餐饮业者常常在思考的问题。餐饮业者常会制定出一套服务客人的标准作业流程(SOP)。但是,如果服务员只是死板地按照 SOP 来服务客人,那人与人之间很可能会少了一些关怀与温暖。如有一位老妇人到餐厅用餐,服务员带位、送水、点餐每项步骤都按 SOP 一一去做,但用餐过程中这位老妇人不小心打翻热汤,整个桌面及身上都洒满汤水,SOP 可能只会告知我们需要把桌面的残渣收拾干净。但如果这时服务员不仅立即为客人整理了凌乱的桌面,并且能带老妇人到更衣室,拿出自己备用的衣服借老妇人换穿,那这就会让这位老妇人觉得很贴心、很温暖。这就是"有温度的服务""喜出望外的服务"。

任务二 法式服务

知识准备

一、法式服务特点及原则

法式服务出现于 16 世纪的欧洲皇室及贵族家庭,是一种服务节奏缓慢,服务方式严谨的用餐服务方式,又称为"献菜服务"。后来法式服务慢慢流传到民间,并逐渐精简改良成为今日西餐中最受喜爱的服务方式。

法式服务的呈现需要两人或多人合作完成,一人为主服务员,另一人为助理服务员。客人点单后,后厨对食物进行简单烹调,随后由助理服务员把餐食端入餐厅放在服务车或边台上,由主服务员在客人面烹调并展示烹调技巧以体现餐厅的高级感。这种服务方法烦琐但具有极高的观赏性,从成本角度来说,法式服务所需的设备成本和空间成本昂贵,大多数餐厅都负担不起,一般高星级扒房才可能采用法式服务。

二、法式服务的服务流程

法式服务一般由餐前服务、烹调表演及席间菜肴服务等步骤组成。

(1)传统的法式服务菜单为八道菜:开胃菜、汤、鱼类主菜、冰酒、肉类主菜、沙拉、甜点、奶酪。

(2)准备服务车,法式服务中服务车多为有轮子且与餐桌同高的长方形手推车。服务车的置物格铺设干净布巾;面对客人一边的台布必须盖住置物格,以免影响美观,后将所须食材及器具置于服务车上。

（3）为避免客人久候而降低表演观赏价值,通常会先在厨房简单烹调一些烹调时间较久菜肴的食材,以提高旁桌服务的效率。

（4）助理服务员从厨房端出菜品交给主服务员,主服务员以左手托持,自客人左侧向其展示、介绍菜肴。

（5）从开胃菜到甜点,主服务员开始在服务车上进行菜肴的烹调表演,菜肴完成后应询问客人所需分量,随后按需分菜摆盘。

（6）上菜时,除了面包、奶油碟、沙拉碟及其他特殊盘碟,必须由客人左侧供应,再以逆时针方向服务下一位客人;其余菜肴、饮料均以右手自客人右侧供应,再以顺时针方向服务下一位客人。

（7）每用完一道菜,在客人右侧收拾整理餐具。

（8）若客人点了需要用手取食的菜肴,如龙虾等,应同时供应洗手盅。

（9）客人吃完主菜时,服务员应注意客人是否需要其他服务,并递上甜点单,记录客人所点的甜点及饮料。

（10）甜点上桌后送上咖啡或茶。

三、法式服务的优缺点

（一）法式服务的优点

（1）服务方式高级、优雅,可以为客人提供极具观赏性的烹调表演。

（2）与客人有更多的交流机会,可为客人设计并提供更多的个性化服务。

（3）温馨体贴,服务周到,烹调的食物可满足客人的口味。

（4）附加价值高,单桌收益高。

（二）法式服务的缺点

（1）法式服务对服务员的服务技能要求高,人力成本大大增加。

（2）法式服务设施设备昂贵,造价高、投资回报周期长。

（3）法式服务节奏缓慢,翻台率极低。

（4）餐厅空间利用率较低。

操作规范

一、法式服务的分工及流程

法式服务的分工及流程如表9-2-1所示。

表 9-2-1　法式服务的分工及流程

操作步骤		详细做法	步骤图
餐前准备	服务车准备	(1)检查服务车是否稳固、能否正常推动,于服务车的置物格铺设干净布巾,面对客人一边的干净布巾必须长及盖住置物格,以免影响美观; (2)准备好所需食材及器具用品(如切割刀叉、服务叉匙、佐料、空餐盘、服务巾等)并置于服务车上;	
	餐桌准备	(1)检查餐具、杯具是否干净、透亮; (2)确认法式服务摆台是否正确,检查物品有无遗漏	
席间服务	主服务员	(1)请客人入座,为客人拉椅、开餐巾; (2)记下客人的点单并复述每位客人所点的菜品及酒水,为客人斟倒餐前酒水; (3)以左手托持,自客人左侧向其展示、介绍菜肴; (4)将服务车推至餐桌旁,根据需要将菜肴进行加热、烹制、剔骨和切片,将这一过程在客人面前展现,如提供戴安娜牛排、苏珊煎饼等服务都是服务员在服务车上进行的,最后询问客人所需分量,进行摆盘装饰; (5)客人用完一道菜再上下一道菜,以便让客人享用最新鲜的菜肴; (6)客人吃完主菜时,主动询问客人是否还有其他需求,并递上甜点菜单,记录点单,最后送上咖啡或茶; (7)如客人示意结账,餐厅服务员应检查账单是否正确,随后将账单夹在账单夹中递送给客人,或翻面置于桌面上,无须读出消费金额	图9-2-1 图9-2-2
	助理服务员	(1)使用银托盘从厨房将食物送入餐厅,放在手推车上,交由主服务员烹调菜肴; (2)待主服务员烹调完毕,除了沙拉、面包、黄油,所有食品都采用"右上右撤"的方法为客人服务,即都是从客人右侧上菜,客人用餐完毕后再从右侧撤下空盘,注意客人用完每道菜都应同时撤走用过的餐具,不要单独帮一位客人撤餐具,应等所有客人用餐完毕后同时撤; (3)提供洗手盅服务,当客人准备吃用手拿的菜肴时,需送上洗手盅,洗手盅放于银盘中间,放于菜盘的前面,同时再送上一块清洁的餐巾,洗手盅中一般只放半盅温水,温水中常常放入柠檬片或者菊花瓣; (4)所有菜肴服务结束时,再次送上洗手盅和餐巾	图9-2-3
餐后送客	送客服务	(1)客人起身离座时,帮助客人拉椅并提醒客人带齐随身物品; (2)礼貌地向客人道谢,欢迎客人下次光临	
	清理台面	(1)立即收拾餐桌,同时检查是否有客人的遗留物品; (2)清理桌面、服务车,分类收拾好餐具,物品归位,为迎接下一批客人做好准备	

项目九　西餐服务

图 9-2-1　自客人左侧介绍原材料

图 9-2-2　返回服务车烹调及摆盘

图 9-2-3　自客人右侧上菜

课堂实训

一、实训准备

(一)所需物品

准备法式服务需要的服务用具、客用餐具、餐桌服务用品(详见项目八任务一的实训准备)。

(二)实训内容

练习法式服务流程,练习结束后,由本小组成员、其他小组成员和教师开展综合评价,并填入评分表。其中:本组打分占比30%;他组打分为其他小组打分的平均分,占比30%;教师打分占比40%。

二、任务评价

法式服务评分表如表9-2-2所示。

表9-2-2　法式服务评分表

评价项目	评分细则	分值	本组打分	他组打分	教师打分
仪容仪态	制服干净整洁,发型符合职业要求; 不佩戴过于醒目的饰物; 指甲干净整齐,不涂有色指甲油; 工作中站姿、走姿优美,表现专业	10			

续表

评价项目	评分细则	分值	本组打分	他组打分	教师打分
餐前准备	确认餐用具清洁； 餐台桌布摆放正确、平整及美观,方便客人使用	20			
社交技能	整个服务过程语言流利,使用专业术语； 热情且真诚地迎宾,帮助客人入座,呈送菜单并做专业介绍	20			
餐食服务	询问客人并提供酒水服务,并适时为客人续酒	5			
	正确调整客人餐具、用具	5			
	正确提供沙拉、面包等服务	5			
	上菜顺序正确,餐食摆放方式正确	5			
	采用法式服务方式服务	10			
	正确提供咖啡或茶服务	5			
餐后服务	礼貌送客并询问客人意见； 整理工作台及餐台,保持环境整洁； 物品归位	15			
合计		100			

三、填充任务单

法式服务任务单如表9-2-3所示。

表9-2-3 法式服务任务单

操作步骤		详细做法
餐前准备	服务车准备	(1)检查_____是否稳固、能否正常推动,于服务车的置物格铺设干净布巾,面对_____一边的干净布巾必须长及盖住置物格,以免影响美观； (2)准备好所需食材及器具用品(如切割刀叉、服务叉匙、佐料、空餐盘、服务巾等)并置于_____上
	餐桌准备	(1)检查_____是否干净、透亮； (2)确认法式服务摆台是否正确,检查物品有无遗漏

续表

操作步骤		详细做法
席间服务	主服务员	(1)请客人入座,为客人_____; (2)记下客人的点单并复述每位客人所点的菜品及酒水,为客人斟倒餐前酒水; (3)以左手托持,自客人_____向其展示、介绍菜肴; (4)将服务车推至餐桌旁,根据需要将菜肴进行加热、烹制、剔骨和切片,将这一过程在客人面前展现,如提供戴安娜牛排、苏珊煎饼服务都是服务员在服务车上进行的,最后询问客人_____量,进行摆盘装饰; (5)客人用完一道菜再上下一道菜,以便让客人享用最新鲜的菜肴; (6)客人吃完主菜时,主动询问客人是否还有其他需求,并递上甜点菜单,记录点单,最后送上咖啡或茶; (7)如客人示意结账,餐厅服务员应检查账单是否正确,随后将账单夹在账单夹中递送给客人,或_____,无须读出消费金额
	助理服务员	(1)使用银托盘从厨房将_____送入餐厅,放在手推车上,交_____烹调菜肴; (2)待主服务员烹调完毕,除了_____之外,所有食品都采用_____的方法为客人服务,即都是从客人右侧上菜,客人用餐完毕后再从右侧撤下空盘,注意客人用完每道菜都应_____撤走用过的餐具,不要单独帮一位客人撤餐具,应等所有客人用餐完毕后同时撤; (3)提供_____服务,当客人准备吃用手拿的菜肴时,需送上洗手盅,洗手盅放于银盘中间,放于菜盘的前面,同时再送上一块清洁的餐巾,洗手盅中一般只放半盅温水,温水中常常放入_____或者菊花瓣; (4)所有菜肴服务结束时,再次送上_____
餐后送客	送客服务	(1)客人起身离座时,帮助客人拉椅并提醒客人带齐随身物品 (2)礼貌地向客人道谢,欢迎客人下次光临
	清理台面	(1)立即收拾餐桌,同时检查是否有客人的遗留物品; (2)清理桌面、_____,分类收拾好餐具,物品归位,为迎接下一批客人做好准备

知识拓展

西餐的常用简写

西餐常用术语的英文及简写如表9-2-4所示。

表9-2-4 西餐常用术语的英文及简写

中文	英文	简写
一分熟	Rare	R
三分熟	Medium Rare	MR
五分熟	Medium	M

续表

中文	英文	简写
七分熟	Medium Well	MW
全熟	Well Done	W
蘑菇酱	Mushroom Sauce	MS
黑胡椒酱	Black Pepper Sauce	BP

思政园地

在人类历史上，马克思主义首次充分认识到食物生产对人类进化及社会发展具有根本性推动作用。例如，对火、工具的掌握，促使人类获得更多的食物，甚至人类面貌模样的形成也和食物有关。食物生产、加工方式在某种程度上决定了人类文明的形成与发展。人类文明根据饮食特点和获取方式分成多种文明，如游牧文明、农耕文明、海洋文明等。不同文明有着不同的文化、习俗、结构方式等，这些都与食物生产、加工方式密切相关，这使我们深刻感受到酒店或餐饮专业知识的价值。我们可以用自己所学去改变世界，甚至推动人类社会进步，从而实现自我价值，这极大改变了有些人以前认为的酒店或餐饮专业无用的错误观念。

任务三　俄式服务

知识准备

一、俄式服务的特点及原则

俄式服务起源于俄国的沙皇时期，由彼得大帝学习法国宫廷餐饮所得，俄式服务与法式服务有着许多相似的特点，也称为"修正法式餐饮服务"。俄式服务是一种讲究服务礼仪、体现客人尊贵的服务方式，与法式服务一样，俄式服务采用大量的银质餐具，但是在服务的过程中并没有服务员的烹调表演，相比于法式服务，俄式服务更注重效率。

俄式服务的菜肴会先在厨房准备好，放置于银餐盘中，服务员把装好菜肴的银餐盘端入餐厅，向客人介绍并给客人欣赏，随后会依据现场就餐人数平均分配菜肴，最后从主人左边开始，服务员按逆时针方向为客人分菜，也称为"大盘子服务"。

二、俄式服务的服务流程

俄式服务是由厨房出菜,一整份菜肴先呈现在客人面前,再由服务员依客人数量将菜肴等分分割,并将菜肴分派至客人的餐盘上,吃完一道菜再上另一道菜。如是热菜则会盖上盖子,服务员站立于餐桌旁将盖子当众揭开,从主宾开始为客人分菜,随后逆时针方向用左手以胸前托举的方式绕桌行走,用右手操作服务叉匙,自客人的左侧分菜。

(1)菜肴在厨房烹调制作,服务员从厨房端出银餐盘与预热过的主餐盘,端送到服务桌备用。

(2)服务员自客人右侧,以右手分发预热过的主餐盘给客人。

(3)服务员左手持银餐盘,自客人左侧,以左手展示菜肴并介绍菜肴名称。

(4)服务员在服务桌上进行菜肴的分割,分割完毕后,整齐排列在银餐盘上,接着准备服务叉匙。

(5)服务员自客人左侧,以左手呈献菜肴给客人,以右手使用服务叉匙为客人分菜,将菜肴分配到客人的主餐盘内,再以逆时针方向,服务下一位客人。

(6)服务员收拾残盘、残杯时,一律自客人右侧以右手服务,顺时针服务下一位客人。

三、俄式服务的优缺点

(一)俄式服务的优点

(1)使用大量银制餐具,服务优雅美观。
(2)相较于法式服务,服务效率高且人力成本较低。
(3)适合大型豪华宴会。
(4)客人可自主选择分量,减少浪费。

(二)俄式服务的缺点

(1)用餐环境及餐具投资成本大,使用、维护和保管的要求较高。
(2)分菜到最后,客人看到盘中所剩无几的食物,可能会影响体验感。
(3)"大盘子服务"的分菜方式并不适用于所有菜肴。
(4)服务过程较烦琐,对于服务技能要求较高。

操作规范

俄式服务的流程如表9-3-1所示。

表 9-3-1　俄式服务的流程

操作步骤	详细做法	步骤图
餐前准备	(1)菜肴在厨房烹调完成,将整份菜完整地盛装于银餐盘上进行摆盘及点缀盘饰; (2)服务员将盛装整份未切割菜肴的银餐盘,以及空的主餐盘(热菜用热盘,冷菜用冷盘)端送至餐桌旁的服务桌上; (3)准备服务叉、匙,便于分菜时使用	
席间服务	(1)服务员以右手自客人右侧将空餐盘置于客人正前方,接着再依顺时针方向为所有客人摆上空的主餐盘; (2)献菜/秀菜:服务员在左手掌心垫一块服务巾,手指张开,以整个手掌托住银菜盘,站在客人左侧,左脚往前踏出一步,向客人展示整份菜肴,同时介绍菜肴的名称与食材,展示完毕后,再回到服务桌旁准备切割菜肴; (3)切割菜肴:服务员在服务桌上切割菜肴,切割完毕后,整齐地将菜肴排列于银餐盘中; (4)使用服务叉、匙为客人分菜:服务员右手持服务叉、匙,左手持银盘,自客人左侧将银盘稍微越过客人餐盘的左侧盘缘(以免在分菜时,汤汁洒落在桌布上),将菜肴夹到客人的餐盘中,再以逆时针方向服务下一位客人; (5)饮料供应:服务员以右手自客人右侧供应饮料,再以顺时针方向服务下一位客人; (6)残盘的收拾与酒水的收拾一致,右手自客人右侧收拾残盘,再以顺时针方向服务下一位客人	图 9-3-1 图 9-3-2
餐后服务	(1)客人起身离座时,帮助客人拉椅并提醒客人带齐随身物品; (2)礼貌地向客人道谢,欢迎客人下次光临; (3)立即收拾餐桌,同时检查是否有客人的遗留物品; (4)清理桌面、服务台,分类收拾好餐具,物品归位	

图 9-3-1　自客人右侧放置餐盘

图 9-3-2　自客人左侧使用服务叉勺分菜

课堂实训

一、实训准备

(一)所需物品

准备俄式服务需要的服务用具、客用餐具、餐桌服务用品(详见项目八任务一的实训准备)。

(二)实训内容

练习俄式服务流程,练习结束后,由本小组成员、其他小组成员和教师开展综合评价,并填入评分表。其中:本组打分占比30%;他组打分为其他小组打分的平均分,占比30%;教师打分占比40%。

二、任务评价

俄式服务流程评分表如表9-3-2所示。

表9-3-2 俄式服务流程评分表

评价项目	评分细则	分值	本组打分	他组打分	教师打分
仪容仪态	制服干净整洁,发型符合职业要求; 不佩戴过于醒目的饰物; 指甲干净整齐,不涂有色指甲油; 工作中站姿、走姿优美,表现专业	10			
餐前准备	确认餐用具清洁; 餐台桌布摆放正确、平整及美观,方便客人使用	20			
社交技能	整个服务过程语言流利,使用专业术语; 热情且真诚地迎宾,帮助客人入座,呈送菜单并做专业介绍	20			
餐食服务	询问客人并提供酒水服务,并适时为客人续酒	5			
	正确调整客人餐具、用具	5			
	正确提供沙拉、面包等服务	5			
	上菜顺序正确,餐食摆放方式正确	5			
	采用俄式服务方式服务	10			
	正确提供咖啡或茶服务	5			
餐后服务	礼貌送客、整理工作台及餐台,保持环境整洁; 物品归位	15			
合计		100			

三、填充任务单

俄式服务步骤任务单如表9-3-3所示。

表9-3-3 俄式服务步骤任务单

任务内容	步骤
餐前准备	（1）菜肴在厨房烹调完成，将整份菜完整地盛装于_____上进行摆盘及点缀盘饰； （2）服务员将盛装整份未切割菜肴的银菜盘，以及空的主餐盘（热菜用_____，冷菜用_____）端送至餐桌旁的服务桌上； （3）准备服务叉、匙，便于_____时使用
席间服务	（1）服务员以_____自客人_____将空餐盘置于客人正前方，接着再依_____方向为所有客人摆上空的主餐盘； （2）献菜/秀菜：服务员在左手掌心垫一块服务巾，手指张开，以整个手掌托住银菜盘，站在客人_____，左脚往前踏出一步，向客人展示整份菜肴，同时介绍菜肴的_____，展示完毕后，再回到服务桌旁准备切割菜肴； （3）切割菜肴：服务员在服务桌上切割菜肴，切割完毕后，整齐地将菜肴排列于_____中； （4）使用服务叉、匙为客人分菜，服务员_____手持服务叉、匙（_____叉_____匙），_____手持银盘，自客人_____侧将银盘稍微越过客人餐盘的左侧盘缘（以免在分菜时，汤汁洒落在桌布上），将菜肴夹到客人的餐盘中，分派完毕后，再以_____方向服务下一位客人； （5）饮料供应：服务员以_____手自客人_____侧供应饮料，再以_____方向服务下一位客人； （6）残盘的收拾与酒水的收拾_____，右手自客人右侧收拾残盘，再以顺时针方向服务下一位客人
餐后服务	（1）客人起身离座时，帮助客人拉椅并提醒客人_____； （2）礼貌地向客人道谢，欢迎客人下次光临； （3）立即收拾餐桌，同时检查是否有客人的_____； （4）清理桌面、服务台，分类收拾好餐具，物品归位

思政园地

《己亥杂诗》中有一句"我劝天公重抖擞，不拘一格降人才"。在社会发展的进程中，不同的年代，职业的地位各不相同。但实际上，职业之间并没有高低贵贱，只要我们努力，就一定能够有收获。

国宴级的服务员姚碧就是一个敬业忠诚、持之以恒、注重细节的人。毕业之后，姚碧先是到一家星级酒店应聘服务员一职，从最底层的工作开始做起，年复一年，她对待工作的态度一直十分认真。2016年G20峰会在杭州召开，我国要接待各国领导人，杭州政府在全国范围内的五星级酒店网罗专业、优质的服务员，在选拔过程中，姚碧凭借着自己出色的工作表现，一跃成为国宴上的行业榜样。但是,姚碧并不骄傲自满,在结束此次服务之后,便继续投身于服务行业,并努力用各种方法来提升自己的服务水平。2017年金砖国家领导人第九次会晤,姚碧再次成为国宴级的服务员。她的故事仍在续写,我们的故事也将开启。

知识拓展

主菜与配菜的摆放

服务员在夹取菜肴摆放至客人的空餐盘上时,应依照餐厅规定排列好每一种菜肴,部分餐厅会有自己的餐食摆放设计,但一般情况下主菜、配菜和酱料的摆放方式如下。

1. 主菜的摆放

主菜应置于靠近客人一边的盘面上;若为肉类,骨头应朝左,肥肉应朝上;若为鱼类,鱼头应朝左,鱼肚应朝下。

2. 配菜的摆放

当配菜仅为蔬菜类时,将蔬菜类摆在主菜正上方,依序由左到右摆放。

当配菜为淀粉类及蔬菜类时,将淀粉类(如马铃薯)摆在主菜左上方,蔬菜类摆在主菜右上方。

3. 酱料的摆放

固态酱料应置于主菜的左上方(约10点钟方向),以方便客人蘸取,液体酱料可直接淋在主菜上。

任务四 英式服务

知识准备

一、英式服务的特点及原则

英式服务也称为"家庭式服务"。传统上,英国家庭会事先在厨房将菜肴烹调完成,随后主人进行切割盛装于大餐盘上,餐桌上放置各种调料及配菜,客人可根据喜好自行调味,这样的用餐氛围活跃,像参加家宴一样,故称为"家庭式服务"。演变至今,由餐厅的服务员代替主人切割分菜,服务员分菜时,自客人左侧,以右手持服务叉、匙为客人分菜。与此同时，英式服务也以快速、高效率的风格著称，适用于短时间内服务大批量客人的宴会场所或餐厅。

二、英式服务的服务流程

英国传统家庭用餐是先在厨房将菜肴烹调切割完成，并盛装于大餐盘上，再将菜肴分送给同桌的用餐者。

（1）服务员自客人右侧，以右手分发预热过的空餐盘给客人。

（2）服务员以左手持大餐盘展示菜肴时，应垫服务巾防烫，从客人左侧来展示菜肴，并介绍菜肴名称等。

（3）服务员准备服务叉、匙，置于大餐盘前端。

（4）服务员自客人左侧，以左手呈献菜肴给客人，再以右手使用服务叉、匙，为客人分菜，将菜肴夹到客人的餐盘内，并提供酱汁服务。

（5）服务员以逆时针方向，依序服务每一位客人。

（6）服务员收拾残盘、残杯时，一律从客人右侧以右手服务。

三、英式服务的优缺点

（一）英式服务的优点

（1）省时省力，可在短时间服务大批量客人。

（2）对客服务反应迅速。

（3）像家庭服务一样，对于餐具要求不高，不需太大空间来放置器具。

（4）客人可选择所需食物，不会浪费食物。

（二）英式服务的缺点

（1）用餐氛围类似家庭式聚餐，因而较为不正式，不适用于高级宴会。

（2）有些菜肴较不适合此类服务，如鱼类或蛋卷等较软或易碎的菜肴。

（3）服务员需要熟练使用叉、匙，对于员工培训要求较高。

操作规范

一、英式服务的流程

英式服务的流程如表9-4-1所示。

表 9-4-1　英式服务的流程

操作步骤	详细做法	步骤图
餐前准备	（1）菜肴在厨房烹调切割完成，并盛装于大餐盘上，再点缀盘饰； （2）服务员将盛满已切割过的菜肴，以及空餐盘（热菜用热盘，冷菜用冷盘）端送至客人餐桌旁的服务桌上； （3）准备服务叉匙，以备分菜时使用	
席间服务	（1）服务员以右手，自客人右侧将空餐盘置于客人正前方，接着再以顺时针方向为其他客人摆上空餐盘； （2）服务员在左手掌心垫一块服务巾，手指张开，以整个手掌托住大餐盘，站在客人左侧，左脚往前踏出一步，向客人展示已切割过的菜肴，同时介绍菜肴的名称与食材； （3）服务员右手持服务叉匙，左手持大餐盘，自客人左侧依客人所要求的分量使用服务叉匙进行分菜，再以逆时针方向服务下一位客人； （4）服务员以右手自客人右侧供应饮料，再以顺时针方向服务下一位客人（残盘、残杯的收拾亦同）	图 9-4-1 图 9-4-2 图 9-4-3
餐后服务	（1）客人起身离座时，帮助客人拉椅并提醒客人带齐随身物品； （2）礼貌地向客人道谢，欢迎客人下次光临； （3）立即收拾餐桌，同时检查是否有客人的遗留物品； （4）清理桌面、服务台，分类收拾好餐具，物品归位	

图 9-4-1　自客人右侧将空餐盘置于正前方

图 9-4-2　自客人左侧介绍已切菜肴

图 9-4-3　自客人左侧使用服务叉勺分菜

课堂实训

一、实训准备

（一）所需物品

准备英式服务需要的服务用具、客用餐具、餐桌服务用品（详见项目八任务一的实训准备）

（二）实训内容

练习英式服务流程，练习结束后，由本小组成员、其他小组成员和教师开展综合评价，并填入评分表。其中：本组打分占比30%；他组打分为其他小组打分的平均分，占比30%；教师打分占比40%。

二、任务评价

英式服务流程评分表如表9-4-2所示。

表9-4-2　英式服务流程评分表

评价项目	评分细则	分值	本组打分	他组打分	教师打分
仪容仪态	制服干净整洁，发型符合职业要求； 不佩戴过于醒目的饰物； 指甲干净整齐，不涂有色指甲油； 工作中站姿、走姿优美，表现专业	10			
餐前准备	确认餐用具清洁； 餐台桌布摆放正确、平整及美观，方便客人使用	20			
社交技能	整个服务过程语言流利，使用专业术语； 热情且真诚地迎宾，帮助客人入座，呈送菜单并做专业介绍	20			
餐食服务	询问客人并提供酒水服务，并适时为客人续酒	5			
	正确调整客人餐具、用具	5			
	正确提供沙拉、面包等服务	5			
	上菜顺序正确，餐食摆放方式正确	5			
	采用英式服务方式服务	10			
	正确提供咖啡或茶服务	5			
餐后服务	礼貌送客、整理工作台及餐台，保持环境整洁； 物品归位	15			
合计		100			

三、填充任务单

英式服务步骤任务单如表9-4-3所示。

项目九　西餐服务

表 9-4-3　英式服务步骤任务单

任务内容	步骤
餐前准备	(1)菜肴在_____烹调切割完成,并盛装于大餐盘上,再点缀盘饰; (2)服务员将盛满_____切割过的菜肴,以及空餐盘(热菜用_____盘,冷菜用_____盘)端送至客人餐人桌旁的服务桌上; (3)准备_____,以备分菜时使用
席间服务	(1)服务员以_____手,自客人_____将空餐盘置于客人正前方;接着再依_____时针方向为其他客人摆上空餐盘; (2)服务员在左手掌心垫一块服务巾,手指张开,以整个手掌托住大餐盘,站在客人_____,左脚往前踏出一步,向客人展示_____的菜肴,同时介绍菜肴的名称与食材; (3)服务员_____持服务叉匙,_____持大餐盘,自客人_____依客人所要求的分量使用服务叉匙进行分菜,再以_____时针方向服务下一位客人; (4)服务员以右手自客人_____侧供应饮料,再以顺时针方向服务下一位客人(残盘、残杯的收拾亦同)
餐后服务	(1)客人起身离座时,帮助客人拉椅并提醒客人带齐随身物品; (2)礼貌地向客人道谢,欢迎客人下次光临; (3)立即收拾餐桌,同时检查是否有客人的遗留物品; (4)清理桌面、服务台,分类收拾好餐具,物品归位

知识拓展

英式下午茶

英式下午茶主要是茶饮、点心等餐点组合,下面将介绍英式下午茶的饮料及点心。

1. 英式下午茶的饮料

饮料一般多为茶及咖啡,在英国,下午茶使用的茶叶主要是红茶,一般以锡兰、大吉岭和阿萨姆为主,很少使用茶包。

2. 英式下午茶的点心

点心以饼轮或蛋糕为主,点心盘中除了各类甜点,还会提供咸点及司康。正统英式下午茶的点心常用三层架盛装,每层可摆放大约7个点心,食用顺序通常由下往上、由咸至甜。

思政园地

　　广州白天鹅宾馆是改革开放初期落成的第一家中外合作的五星级酒店,也是中国第一家自行设计、自行建设、自行管理的现代大型中外合作酒店。企业不断推动酒店硬件设施逐步升级,服务品质稳步提升,成为中国五星级酒店的标杆。该酒店的成功不是轻而易举获得的,背后千千万万个酒店从业者付出了努力和汗水,他们保持着从业的初心和热情,紧跟时代发展并抓住新机遇。如今,我们要增强自己的骨气、志气和底气,展望未来,努力奋斗。

任务五 自助餐服务

知识准备

一、自助餐特点及原则

自助餐是指客人可以自由选取食物的一种用餐方式,不受数量、品种、价格的限制,在国际上是一种非正式的西式宴会,多见于大型商务活动中。客人支付定额费用进入餐厅,拿取餐盘后在食物台上任意挑选菜品,自行返回座位用餐,这种用餐服务称为"自我服务"。当今,自助餐日趋流行于各大酒店或社会餐饮,其原因主要是菜肴丰富、价格适中、用餐自由等,国内多数酒店西餐厅早餐和晚餐都采用自助餐的形式。在自助餐中,服务员的工作内容较为轻松,只需提供简单的服务,如斟倒酒水、撤脏盘等。

二、布置自助餐台的注意事项

一般西餐自助餐菜肴可分为沙拉、甜品、主食、扒类、饮料和现场制作类菜肴。布置自助餐台有一些值得注意的技巧,具体如下。

(一)规划布局

常见的自助餐台包括以下三种。
(1)"I"形台,即长台,是最基本的台型,常靠墙摆放。
(2)"L"形台,由两个长台拼成,一般放于餐厅一角。
(3)"O"形台,即圆台,通常摆在餐厅中央。
无论选择什么布局,在进行自助餐台设计时都应该注意避免阻碍客人、造成拥挤。

(二)战略性地安排食物

自助餐摆放时,每道菜的位置都很重要,把最丰富、最便宜的食物放在第一位,把稀缺的或最贵的食物放后面,这样可以有利于餐厅节约食物成本。此外,尽量将相似的食物摆放在一起,这样可以让客人一目了然,方便选择,同时也可以有效地避免浪费。确保热菜、气味浓烈的菜肴和冷菜之间有足够的距离,这样可以防止冷菜受温度的影响从而失去原有的口感,避免气味浓烈的菜肴影响其他菜肴的风味。

(三)使用标签识别菜肴

自助餐前都必须有食物标签,如没有标签可能会导致客人错过某些食物或不断地询问。更重要的是,部分菜肴(如花生、鸡蛋、小麦等)可能会导致某些客人过敏,会威胁到客人的生命安全,所以应有食物标签。

三、自助餐服务的注意事项

(一)自助餐服务餐前注意事项

(1)须事先排放菜卡。
(2)需要保温的热食或需冷藏的冷菜应于用餐前适当储藏。
(3)座位上应该摆放餐具、餐垫、水杯及纸巾盒。

(二)自助餐服务餐中注意事项

(1)随时保持台面整洁,餐台食物摆放有序。
(2)经常更换干净的客用餐盘和夹取食物用的叉、匙与垫盘。
(3)保持使用酒精的保温锅下的火苗燃烧并注意安全;随时注意保温锅内的食物的量,如果少了配合厨房补菜。
(4)保温锅内热食须经常翻动整理,除了避免食物焦化,还能展现较好的外观。
(5)餐桌上已使用过的碗、盘须随时撤离桌面。
(6)可以为客人提供水果服务,增加客人好感度。

四、自助餐的优缺点

(一)自助餐的优点

(1)菜品丰富,价格适中。
(2)进餐速度快,客人落座后无须等待,适合现代社会人们快节奏的生活方式。
(3)人力成本低,服务员无须提供一对一服务,仅提供简单的服务。
(4)对于服务员的技能要求较低,经简单培训后可快速上岗。

(二)自助餐的缺点

(1)餐厅须储存大量的食材,存货成本控制不易,容易造成食材剩余与浪费。
(2)餐厅须准备大量餐具与餐盘供客人取餐时使用,楼面及财务人员须管理大量的固定资产。
(3)餐厅要有较大、较宽敞的空间,投资成本大。

课堂实训

一、实训准备

（一）所需物品

准备自助餐需要的服务用具、客用餐具、餐桌服务用品（详见项目八任务一的实训准备）。

（二）实训内容

练习自助餐餐台摆放设计，练习结束后，由本小组成员、其他小组成员和教师开展综合评价，并填入评分表。其中：本组打分占比30%；他组打分为其他小组打分的平均分，占比30%；教师打分占比40%。

二、任务评价

自助餐餐台摆放评分表如表9-5-1所示。

表9-5-1　自助餐餐台摆放评分表

评价项目	评分细则	分值	本组打分	他组打分	教师打分
仪容仪态	制服干净整洁，发型符合职业要求； 不佩戴过于醒目的饰物； 指甲干净整齐，不涂有色指甲油； 工作中站姿、走姿优美，表现专业	10			
餐前准备	确认餐用具清洁	20			
摆台设计	符合餐台摆放技巧	30			
餐中服务	正确排放菜卡	5			
	正确摆放客人餐具、用具	5			
	餐桌上已使用过的碗、盘随时撤离桌面	5			
	保温锅内热食经常翻动整理，注意观察食物食用情况，适量添加菜肴	5			
	采用自助餐服务方式服务	10			
	保持台面整洁，餐台食物摆放有序	5			
	主动帮助客人，如提供水果、蛋糕服务	5			
合计		100			

知识拓展

自助式服务的"小心机"

自助餐台的菜肴摆放有两个"小心机"。

第一,先摆冷菜,后摆热菜,这样的摆放顺序可以保证菜肴以最佳状态呈现在客人面前。

第二,成本较低的菜肴摆放在自助餐台显眼处。虽然自助服务所需的服务员数量少,但食品消耗量巨大,高成本的食品耗费也许会远超人力成本。如果客人早早将低成本的食品装满餐盘,那么会减少高成本食品的消耗。

思政园地

> 来自奥地利的艾嘉德是一家酒店高管,对工作充满热情,他非常热衷于宣传辽宁沈阳丰富的文化和旅游资源,让更多的人了解美丽的辽宁沈阳。为了更好地宣传辽宁沈阳,艾嘉德在酒店大堂设立了一个旅游文化专柜,方便入住的客人了解辽宁沈阳本地的风土人情。
>
> 文化与旅游之间的关系密不可分,只有体验到一个地方的人文生活,旅行才是完整的。一个国家的兴盛和强大离不开文化,一个民族的传承更离不开文化,中国拥有五千年文明,我们要坚守中华民族的优秀传统文化,形成以文化事业、文化产业快速发展为基础的文化软实力,实现中华民族伟大复兴。作为青年人,我们应该肩扛时代的责任,争做文化自信的践行者。

任务六 西餐宴会服务

知识准备

西餐宴会是按照西方国家的礼仪习俗举办的宴会。

西餐宴会的特点是遵循西方国家的饮食习惯,多数使用长方形桌,每道菜换一副餐具,采取分餐制,讲究酒水与菜肴的搭配,在布局、台面设置和服务等方面具有鲜明的西方特色,有背景音乐,气氛轻松,服务程序化,讲究礼节。

西餐宴会餐具最基本的使用方法就是"从外到里"使用各种餐具。一般先用最外侧的刀、叉、勺,逐步到最内侧的刀、叉、勺。在使用的过程中,刀叉根据摆放的位置不同,可以表示两个寓意——稍息和停止。其中,稍息位置是将刀、叉分开摆放在餐盘上，此时表示就餐者暂时休息，过一会儿还会继续进餐。停止位置是将刀、叉合拢摆放在餐盘上，此时表示就餐者不准备继续食用该菜，服务员可以将盘撤走。

谈话时，就餐者可以拿着刀、叉，无须放下，但若需作手势时，就应放下刀、叉，千万不可手执刀、叉在空中挥舞。应当注意，就餐者不管任何时候，都不可将刀、叉的一端放在盘上，另一端放在桌上。

一、了解和掌握西餐宴会的基本情况

（一）熟悉宴会通知单

一般酒店会根据宴会举办者的要求接受预订，如果是大型的宴会，应尽量选择面谈的预订方式，酒店的工作人员会根据客人的需要填写宴会通知单。

宴会通知单包括宴请单位、对象、人数、宾主身份、宴会时间、地点、规格标准、客人的习俗与禁忌等信息。酒店收取部分的定金，签订宴会预订合同，在宴会正式举办前进行确认，以保证宴会的顺利进行。

（二）宴会台型设计与席位安排

1. 台型设计

台型设计应视宴请活动的性质、形式、主办单位或客人的具体要求、参加宴会的人数、宴会厅的形状和面积等情况来决定。西餐宴会一般使用长桌，其他类型的餐台由小型餐台拼合而成。常见的西餐宴会台型有"T"形、"U"形、"一"字形等（图9-6-1）。

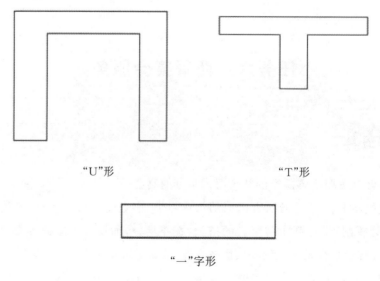

图9-6-1　西餐宴会台型图

2.席位安排

(1)女士优先。

西方国家有女士优先的原则,在西餐礼仪中也有所体现,在用餐时,一般女主人为第一主人,坐在主位,而男主人为第二主人,坐在第二主人的位置上。

(2)距离定位。

西方国家有尊卑之分,在西餐礼仪中也有所表现,西餐礼仪中的尊卑表现,是根据其距离主位的远近决定的。以距主位近的为尊,以距主位远的为卑。

(3)以右为尊。

宴会开始前需要安排席位,一般情况是以右为尊,坐在右侧的要比坐在左侧的地位要高,在西餐排位时,男主宾要排在女主人的右侧,女主宾要排在男主人的右侧,按此原则,依次排列。

(4)面门为上。

按礼仪的要求,面对餐厅正门位的地位要高于背对餐厅正门位。

(5)交叉排列。

西餐排列席位时,讲究交叉排列的原则,即男女应当交叉排列,熟人和生人也应当交叉排列。在西方人看来,宴会场合是要拓展人际关系,这样交叉排列,用意就是让人们能更方便地和周围客人聊天认识,达到社交目的。

西餐宴会席位图如图9-6-2所示。

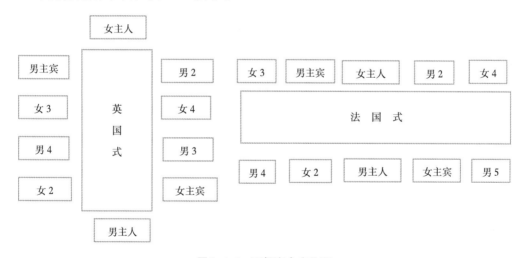

图9-6-2 西餐宴会席位图

(三)熟悉宴会菜单内容

宴会开始前服务员要熟悉宴会所备菜式的风格特点、主料、备料及烹制的方法,熟记宴会菜肴,以及与菜肴搭配的酒水、酒杯等。

（四）准备物品

根据宴会通知单备足所用物品。

（1）检查服务员的仪容仪表，如果是重要宴会，服务员要佩戴手套进行服务。

（2）准备大小托盘及服务布巾。

（3）准备面包篮、夹子、冰水壶、茶壶、咖啡壶、餐盘、咖啡杯、茶杯等器具。

（4）将冰桶准备妥当，放在各服务区，将客人事先点好的白葡萄酒和起泡酒放置在冰桶内。

（5）准备红酒篮，根据红酒的年份、特点等信息判断是否需要醒酒。

（6）准备好餐前食物。

（7）在客人入座前10分钟把开胃品放在餐桌上，每人一份，盘与盘之间距离相等。

（8）在客人入座前5分钟，要将面包、黄油摆放在客人的面包盘和黄油碟内，每位客人的分量一致，同时为客人倒好冰水或矿泉水。

（9）在客人入座前3分钟，将桌上的蜡烛点亮，并站在各自工作岗位上热情、礼貌地协助客人入座。

二、西餐宴会餐桌服务

西餐宴会餐桌服务方式有特定的服务流程与准则，服务方式视菜单而定，根据菜单内容选择服务方式与餐具摆设，最常见的是宴会套餐服务，下面以西餐宴会套餐菜单为例，详细介绍大型西餐宴会服务。

操作规范

一、西餐宴会服务流程

西餐宴会服务流程如表9-6-1所示。

表9-6-1　西餐宴会服务流程

操作步骤	详细做法
面包服务	将面包放入装有口布的面包篮内，然后从客人的左手边用面包夹夹起放在客人的面包盘上。客人食用完面包后必须进行再次服务，直到客人表示不需要为止。面包盘须保留到收拾主菜盘后才能撤掉，若菜单中有奶酪，则须等到奶酪服务完成后，或点心服务前，才能将盘子收走

续表

操作步骤	详细做法
白葡萄酒服务	用口布托着酒瓶，酒瓶标签朝上，从右侧展示给主人看，以确认其点用的葡萄酒正确与否。开瓶后，先倒约30毫升的白葡萄酒让主人试饮，等主人允许后，从女士开始进行服务，倒酒时必将酒瓶标签朝上，慢慢地将酒倒入客人杯中，1/3~1/2杯即可，每倒完一杯酒，须轻轻地转动手腕以改变瓶口方向，避免酒液滴落。最后以服务主人结束。服务完所有客人后，必须将白葡萄酒瓶再度放回冰桶中以继续维持白葡萄酒的最佳饮用温度
头盘服务	从冷藏库中将宴会前冷藏的鹅肝酱取出放置在餐盘上，从客人的右手边进行服务，拿盘的方法为手指朝盘外，切记不能将手指放在盘上。使用面包篮将吐司饼从客人左手递至面包盘上，让客人搭配鹅肝酱食用。待该桌所有客人食用完毕后从客人右手边撤下使用过的餐具
送汤服务	从客人右手边送上汤，若汤碗有双耳，摆放时应使双耳朝左，平行面向客人。待整桌人同时用完汤后，将汤碗、底盘连同汤匙从客人右手边撤下
添加酒水	送汤服务时，注意观察客人的面包盘和酒杯，是否需要添加面包或酒水，如若需要应给予及时服务
副菜服务	从客人右手边上副菜，按照顺序一整桌同时上菜，避免造成客人等菜的现象。须等该桌客人全部用完副菜之后，再从客人右手边将餐盘及鱼刀、鱼叉同时撤掉
红葡萄酒服务	应先撤掉白葡萄酒杯，如客人要求继续饮用白葡萄酒，则无须撤白葡萄酒杯。打开红葡萄酒瓶，根据葡萄酒品种、年份等确定是否需要醒酒，将红葡萄酒瓶放在酒篮内，标签朝上，从主人或者点酒者的右侧服务，先倒30毫升给主人或点酒者鉴酒，当主人或点酒者鉴酒完后，服务员将酒瓶从酒篮中移出，并维持标签朝上，依序服务所有客人。倒酒时应该慢慢地倒并注意酒瓶不能触碰到酒杯。每当倒完一杯酒之后，轻轻转动手腕以改变瓶口方向，避免酒液滴落
主菜服务	从客人右手边上主菜，按照顺序一整桌同时上菜，避免造成客人等菜的现象。酱汁应由服务员从客人左手边递上，服务员须等所有客人都已用完餐，才能从客人右手边撤掉主餐刀、主餐叉及餐盘，同时将餐桌上的胡椒瓶、盐瓶撤掉。面包盘则必须等到奶酪用完后才能撤掉
甜点服务	上甜点之前，桌上除了水杯、香槟杯及点心餐具，从客人右手边撤掉全部餐具与用品，如桌上尚有未用完的酒杯，则应征得客人同意后方可撤掉。如备有香槟，须先倒好香槟再上甜点。将餐桌上的点心叉、点心匙应分别移到客人左、右手边，从客人右手边上甜点
咖啡或茶服务	点心上桌后，将糖盅及奶盅放置在餐桌上，可将咖啡杯或茶杯摆上桌，从客人右手边上咖啡，若客人面前尚有点心盘，则咖啡杯可放在点心盘右边。如果点心盘已收走，咖啡杯便可直接置于客人面前。服务员给客人斟倒咖啡或茶时应左手拿服务巾，注意随时擦壶口，同时护住壶口以免烫到客人
餐后小甜点	服务餐后小甜点时不需要餐具，服务员直接服务或每桌放置一盘，由客人自行取用

思政园地

徐龙：国宴是中西结合

徐龙，人民大会堂西餐厨师长，为我国第二代、第三代领导人服务。他曾参与接待来自五大洲近200个国家的500余位元首，参与了建国35周年、40周年、50周年、60周年国庆宴会活动，以及我国香港、澳门回归庆典宴会。

徐龙说，国宴分两种，一种对内，另一种对外。对内就是国家领导人主持并参与的宴请，比如香港回归、澳门回归等历史性大事件，或者是每一年的国庆招待会；对外就是招待外国元首。真正的国宴必须是在北京举行，挂国旗、奏国歌，现在国歌环节省略了。人民大会堂从1959年建立以来，国宴的标准就是四菜一汤，而且都是中西结合，不分中餐宴会或西餐宴会，这个规矩是周总理定下的。

知识拓展

西餐宴会服务注意事项

在西餐宴会中，服务人员须注意下面几点。

(1)同上同撤原则。在西餐宴会中，同一种菜单项目须同时上桌，须等大家全部用完该道菜后同时撤下，再同时上下一道菜。

(2)确保餐盘及桌上物品干净。上菜时认真检查餐盘是否干净，包括餐桌上摆设的物品如胡椒瓶、盐瓶或杯子，如发现污渍及时用服务餐巾清理。

(3)注意保持宴会菜肴应有的温度。服务时，应注意保持食物原有的温度。加盖的菜肴在上桌后再打开盘盖，以维持食物应有的口感，咖啡杯必须放在保温箱中，而冷菜则用冷盘来盛装。

(4)餐盘标志及主菜肴应放置在既定方位。摆设印有标识的餐盘时，应将标识正对着客人。而在盛装食物上桌时，菜肴亦有一定的放置位置，凡是食物中有主菜之分者，其主要食物(如牛排)必须靠近客人；点心蛋糕类有尖角者，其角头应指向客人，以方便客人食用。

(5)凡是须直接用手的菜肴，如龙虾、乳鸽等，均应供应洗手盅。洗手盅装1/2左右的温水，通常放有柠檬片或花瓣。有些客人可能不清楚洗手盅的用途，上桌时最好稍事说明。随菜上桌的洗手盅视为该道菜的餐具之一，收盘时必须一起收走。

(6)拿餐具时，不可触及入口的部位。基于卫生考虑，服务人员拿刀、叉或杯子时，手不可触及刀刃或杯口，而应拿其柄或杯子的底部，当然，更不可与食物碰触。

(7)水应随时添加，直到客人离去。随时帮客人倒水，维持水杯适当水量，通常为1/3~1/2，直到客人离去。

课堂实训

一、实训准备

（一）所需物品

根据宴会通知单相关内容备足所需物品。

（二）实训内容

练习西餐6人位宴会服务，西餐宴会服务。练习结束后，由本小组成员、其他小组成员和教师开展综合评价，并填入评分表。其中：本组打分占比30%；他组打分为其他小组打分的平均分，占比30%；教师打分占比40%。

二、任务评价

西餐宴会服务评分表如表9-6-2所示。

表9-6-2　西餐宴会服务评分表

评价项目	评分细则	分值	本组打分	他组打分	教师打分
物品准备	物品准备正确、充分	10			
操作过程	白葡萄酒服务方法正确	10			
	头盘服务方法正确	5			
	送汤服务方法正确	5			
	添加酒水服务方法正确	5			
	副菜服务方法正确	10			
	红葡萄酒服务方法正确	10			
	主菜服务方法正确	10			
	甜点服务方法正确	5			
	正确提供咖啡或茶服务	10			
	服务过程神态自然，具有亲和力，体现岗位要求	10			
结束工作	工作台整理干净	5			
	物品归位整齐	5			
	总分	100			

三、填充任务单

西餐宴会服务任务单如表9-6-3所示。

表9-6-3　西餐宴会服务任务单

任务内容	步骤
面包服务	从客人的_____边用面包夹夹起放在客人的面包盘上。面包盘须保留到收拾_____后才能撤掉，若菜单上中有奶酪，则须等到奶酪服务完成后，或于点心服务前，才能将盘子收走
白葡萄酒服务	开瓶后，先倒约30毫升的白葡萄酒让主人试饮，等主人允许后，从_____开始进行服务，倒酒时必将酒瓶_____朝上，慢慢地将酒倒入客人杯中_____杯即可，每倒完一杯酒，须轻轻地转动手腕以改变瓶口方向，避免酒液滴落。最后以服务_____结束
头盘服务	从客人的_____边进行服务，拿盘的方法为手指朝_____，切记不能将手指放在盘上。使用面包篮将吐司饼从客人左手递至面包盘上，让客人搭配鹅肝酱食用。待该桌所有客人食用完毕后从客人_____边撤下使用过的餐具
送汤服务	从客人_____边送上汤，若汤碗有双耳，摆放时应使双耳朝_____，平行面向客人。待整桌客人同时用完汤后，将汤碗、底盘连同汤匙从客人_____手边撤下
副菜服务	从客人右手边上副菜，按照顺序_____同时上菜，避免造成客人等菜的现象。须等该桌客人_____用完副菜之后，再从客人右手边将餐盘及鱼刀、鱼叉同时撤掉
红葡萄酒服务	打开红葡萄酒瓶，根据葡萄酒品种、年份等确定是否需要_____，将红葡萄酒瓶放在酒篮内，标签朝上，从_____或者_____的右侧服务，先倒30毫升给主人或点酒者鉴酒，当主人或点酒者鉴酒完后，服务员将酒瓶从_____中移出，并维持标签朝上，依序服务所有客人
主菜服务	按照顺序一整桌_____上菜。酱汁应由服务员从客人_____边递上，服务员须等所有客人都已用完餐，才能从客人_____撤掉主餐刀、主餐叉及餐盘，同时将餐桌上的_____撤掉
甜点服务	上甜点之前，桌上除了_____、香槟杯及点心餐具，从客人右手边撤掉全部餐具与用品，将餐桌上的点心叉、点心匙应分别移到客人左、右手边，从客人_____边上甜点
咖啡或茶服务	将糖盅、鲜奶盅放置在餐桌上，可将_____或_____摆上桌，从客人右手边上咖啡，若客人面前尚有点心盘，则咖啡杯可放在点心盘_____。如果点心盘已收走，咖啡杯便可直接置于客人_____。服务员给客人斟倒咖啡或茶时应_____手拿服务巾，注意随时擦壶口，同时护住壶口以免烫到客人

第四部分

餐厅服务能力提升篇

项目十
餐厅服务能力提升

项目导读

随着社会的发展,行业竞争日趋激烈,餐饮业对餐饮服务人员的要求,从传统的理论知识型人才,转变为对高素质技术技能型人才的渴求。只有具备良好技术、应变能力与创新能力的餐饮服务人员,才能为客人提供更加全面的服务,才能更有效地满足企业发展的需求。

项目目标

1. 掌握餐厅投诉与突发事件的一般处理程序;
2. 了解菜单设计、酒水单设计、餐厅宣传海报设计等相关内容;
3. 掌握点菜服务基本要领;
4. 了解餐饮数字化营销的常用方法。

任务一　餐厅投诉及突发事件处理能力

知识准备

一、客人投诉的形式

客人投诉是指当客人对餐厅所提供的服务或产品质量感到不满意时,他们可能会提出投诉,要求解决问题、赔偿或给予其他形式的补偿。这些投诉可能涉及餐厅的各个方面,包括服务、食品质量、价格、环境等。餐厅需要积极处理这些投诉,以确保客人的满意度,以及餐厅口碑的维护。

（一）口头投诉

客人在餐厅用餐时，通常会通过口头投诉的方式表达对服务质量的不满。口头投诉是消费者常用的投诉方式之一，能够及时反映餐厅服务中存在的问题。餐厅需要认真对待口头投诉，及时解决问题。

（二）电话投诉

客人通过电话联系餐饮企业相关部门进行投诉，这种投诉方式与口头投诉一样常见。电话投诉能够快速传达问题，餐厅能够及时采取措施解决问题。

（三）网上投诉

现今，许多餐饮企业开通了微信公众号、微信小程序等网络渠道，以便客人能够通过网络反馈餐厅服务中出现的问题。这类投诉让餐厅能够随时了解问题并采取措施解决问题。

（四）媒体投诉

客人通常会通过媒体开放的投诉渠道来投诉餐饮企业，其中比较常见的方式是向主流媒体如电台、电视台等进行投诉。这种投诉方式能够引起公众的关注，餐饮企业应重视问题并采取妥善方式解决。

（五）书面投诉

书面投诉是客人通过书面的方式向餐厅反映问题，这种投诉方式更为正式，能够清晰地陈述具体问题。书面投诉有助于餐饮企业进行对照调查和回应，更好地解决问题。

二、客人投诉的主要内容

（一）不能满足客人点菜需求

当客人在餐厅点菜时，如果所点的菜或者想品尝的菜没有供应，或者在更换菜品后服务员又告知"对不起，今天也没有供应"，这会让客人非常不满。即使服务员态度彬彬有礼，客人也会不满。因此，餐厅必须确保凡是菜单上列出的且客人需要的都必须保证供应，这样才能让客人对餐厅产生好感。

为了确保菜单上列出的所有菜式都能供应，管理层面必须重视餐厅菜单的制定。这意味着，各项业务如销售预测、原料采购、厨房生产、仓库储存、厨房与餐厅服务等，都必须以菜单为核心进行运转。

在餐厅运营中，有时会出现营业时间即将结束或某些原料缺货而导致客人无法点到想要吃的菜的情况。为了避免给客人带来不便,厨房应尽早通知餐厅,以便在客人点菜前告知客人,并请求客人谅解。如果客人对于某道菜无法提供而感到失望,餐厅经理可以出面向客人道歉,并向客人推荐价格和品质相似的其他替代菜肴,让客人感受到餐厅良好的服务质量和态度。

(二)客人对菜肴质量不满

1. 重新加工

如果客人提出了菜肴质量问题,如口味偏淡或成熟度不够,服务员应该向客人表示:"请稍等,我会让厨房重新加工。"随后向餐厅经理报告,餐厅经理同意后,将菜肴送回厨房重新加工,并确保在10分钟内重新上桌。这样可以让客人感到餐厅非常重视他们的意见,并且能够及时解决问题,提高客人的满意度。

2. 换菜

如果客人指出菜肴原料变质或烹饪方面出现严重失误等问题,服务员应该向餐厅经理报告。餐厅经理应该表示关注并出面向客人道歉。餐厅经理应该对客人说:"非常抱歉,这是我们的失误,我们会尽力避免再次发生。我会立即让厨房为您更换菜肴,确保您能满意。同时,我会指示服务员为您加菜,以表达我们的歉意。"餐厅经理应该保证在15分钟内更换新菜,并确保客人得到满意的服务。

3. 价格折扣

如果客人在结账时提出菜肴有质量问题,并且经过确认是实际情况,而且客人是老主顾,那么餐厅经理可以给予客人一定的折扣,以表达餐厅的歉意。经理应该向客人表示:"非常抱歉,我们的菜肴没有达到您的期望。作为我们的老主顾,我们非常重视您的意见和反馈。我们会给您的这桌菜肴打九折或九五折,以表达我们的歉意。同时,我们会尽力改进我们的菜肴质量和服务质量,确保您的满意。"餐厅经理应该确保在结账时立即给予折扣,并向客人表达歉意并感谢客人的谅解。

(三)汤汁、菜汁洒在客人身上

如果服务员不小心将汤汁或菜汁洒在客人身上,餐厅领班应该及时出面向客人表示歉意。同时,服务员应该立即拿干净的毛巾为客人擦拭衣服,动作应该轻柔适宜。根据客人的要求和衣服弄脏的程度,餐厅领班应该主动向客人提出免费洗涤的建议,并确保衣服在洗涤后及时送达客人,并再次表示歉意。如果衣服被弄脏的程度较轻,经擦拭后已基本干净,餐厅领班应该免费给客人提供饮料或食品,以示歉意。在处理此类事件时,餐厅领班不应当着客人的面批评指责服务员,应该等到客人离开后再进行内部处理。

如果客人在用餐时不小心将汤汁或菜汁洒在衣服上,值班服务员应该立即前往并主动为客人擦拭,同时安慰客人。如果汤汁或菜汁洒在了客人的餐桌或台布上,服务员应该迅速清理,并将餐巾垫在台布上,确保客人能够继续用餐。遇到此类情况时服务员不能置之不理,应该积极处理,以确保客人的用餐体验。

(四)服务员对客人不礼貌

1. 避免在前

餐厅服务员需要接受严格的职业道德和服务标准培训,培养"客人至上"的服务理念,绝不可以对客人表现出不礼貌的态度。

2. 让服务员回避

如果服务员与客人发生争执,餐厅经理应立即介入,要求服务员暂时离开服务现场。餐厅经理应以餐厅代表的身份向客人道歉,认真听取客人的投诉,并向客人保证会对该事件进行认真处理。如果服务员多次与客人发生争执或表现不礼貌,必须将其撤离岗位,并替换素质良好、能够胜任对客服务工作的服务员,以免餐厅的声誉受影响。

(五)其他情况及注意事项

(1)餐厅客满,值班服务员忙不过来,客人表现出不满时,服务员应保持冷静,主动为客人提供菜单和茶水,尽可能快速地为两桌或三桌客人提供服务。同时,迎宾员也应该协助点餐和开票,以确保客人得到及时的服务。这样做可以避免客人产生被忽视或不受重视的不良感受。

(2)客人数量突然增加,厨房无法及时出菜。服务员应该倒茶水给客人,或提供饮料,告知客人菜还未准备好,以免让客人有被忽视、被遗忘的感觉。

(3)当儿童吵闹时,服务员可尝试关心他们,使他们变得愉快一点,以便让他们喜欢这里。注意,服务员应该避免抱客人的孩子或将他们带离父母身边,以免引起麻烦。

(4)为了确保食品符合客人的要求,上菜后应该留意客人的反应,观察他们是否满意,客人有任何问题,应该立即解决。如果客人抱怨菜品的熟度不够或者已经凉了,服务员应该向客人道歉:"不好意思,我把食品拿回厨房重做,请稍等。"然后迅速将食品送回厨房。如果客人抱怨菜品口感太老且无法挽救,服务员应该向客人道歉,并马上请厨房重新做一份或者建议客人点其他菜肴。同时,服务员应该向客人解释,新菜品很快就会做好。

(5)如果客人因为不满意而表示不会再光顾,餐厅领班应该立即与客人沟通,并给予客人一定的优惠。

(6)当服务员发现自己忘记将客人的点菜单送进厨房,而且客人已经等待了很长时间时,服务员应该立即将点菜单送至厨房,并请求餐厅经理向厨房主管或厨师长求助,立即为客人制作菜肴。同时,服务员应该向客人道歉,并提供咖啡或其他饮料,以表达歉意。

(7)当客人因赶飞机或火车而希望快点就餐时,服务员应该耐心安抚客人,主动送上饮料,并介绍一些方便快餐,提供迅速、良好的服务。

三、客人投诉的处理

（一）客人投诉处理的基本要求

1. 态度端正

餐饮服务人员应该高度重视客人的投诉，在面对客人投诉时，应该保持冷静、态度端正，并且在任何情况下都要认真听取客人的意见。

2. 方式妥当

(1)在面对客人投诉时，务必不要与客人争辩。向客人表示歉意，并表达愿意为客人提供服务的态度，让客人感受到关注和重视，充分相信服务人员的诚意。

(2)了解客人投诉的情况，迅速掌握事实。询问客人的要求，迅速采取补救措施，解决客人的问题。

(3)如果自己无法解决客人的投诉问题，应立即向上级报告。同时，让客人感受到主管领导对他的意见的重视，必要时，主管领导可以出面为客人解决问题。

(4)与有关部门协调，共同解决客人投诉问题。必要时，可以采取其他形式的补救措施，或者赔偿客人的损失，以保护餐馆的声誉。

3. 记录工作

(1)每次都应做好记录，包括投诉事项、时间、地点、接待人、处理方法、处理人和处理结果等，以便于后续跟进和处理。

(2)定期汇总投诉信息，总结经验教训。应重视影响酒店声誉的投诉问题，在今后的工作中加以改进工作方法，以杜绝类似事件再次发生。

4. 私下处理

当客人现场投诉时，应避免在公共场合处理，以免干扰其他客人。服务员和领班应礼貌地邀请投诉客人到办公室，妥善处理客人的投诉。

5. 逐级汇报

在客人投诉事件发生时，应按照逐级汇报的原则进行处理。服务员应及时向领班汇报，领班则应根据具体情况及时向餐厅经理汇报。

（二）客人投诉处理的一般步骤

1. 耐心倾听是解决客人投诉问题的关键

我们需要认真倾听客人的情况描述，了解实际情况，让客人感到被重视。在倾听的过程中，客人可以发泄情绪，当客人将不满全说出后，怒气也会消失大半。

2. 诚挚道歉是必要的，但不应轻易承担责任

我们需要让客人明白我们非常关心他的感受，对他的遭遇表示同情。同时，我们也需要提高基层服务与管理质量，但在责任不在我们的情况下，我们不能随便承担责

任,更不能提供任何有关书面的证明。

3. 提出解决办法是解决客人投诉的关键

在完全理解和明白客人投诉的原因后,我们需要采取行动解决问题。如果客人不知道或不同意我们的处理,我们不应盲目采取行动,而是需要礼貌地征得客人的同意。

4. 迅速采取行动

一旦客人同意处理方案,我们应立即采取行动处理,不要拖延。拖延只会进一步引起客人的不满。

5. 及时跟进处理结果

我们需要落实、监督和检查处理措施的执行情况。许多客人会因为我们对他们投诉问题的妥善处理和及时跟进而感到满意,甚至对酒店怀有感激之情。

知识拓展

餐厅客人的投诉心理

客人投诉心理一般包括以下几个方面。

1. 不满意

客人可能因为对餐厅服务、食品质量、环境等方面感到不满意。

2. 失望

客人可能因为实际情况与期望的不符而感到失望,如菜品口味不符合预期、服务质量不如预期等。

3. 愤怒

客人可能因为遭遇不公正待遇或服务员的态度恶劣等感到愤怒。

4. 焦虑

客人可能因为食品安全问题、服务质量问题等而感到焦虑和担忧。

5. 信任

客人可能因为餐厅的处理方式不当、态度不诚恳等问题而失去对餐厅的信任。

6. 希望得到解决

客人投诉的目的是希望问题能解决并得到满意的答复,如果餐厅能够积极处理投诉,客人会感到满意,产生信任感。

思政园地

有一次,一位客人在餐厅用餐时投诉菜品口味差,而且服务员态度不好。经理立即赶来了解情况。通过询问,经理发现这位客人点的菜品确实有问题,于是立即为他重新烹制了一份新的菜品,并且赠送了一杯饮料。同时,经理也对服务员进行了批评教育,并向客人保证类似的问题不会再次发生。

客人离开餐厅时,经理再次向他道歉,并且送上一张优惠券,希望他下次再来用餐。这位客人最终非常满意地离开了餐厅,并且在社交平台上发布了一段好评文字,称赞餐厅的服务和经理的处理方式。

这个案例表明,经理巧妙地处理了投诉,不仅解决了客人的问题,还赢得了客人的信任和好评,这也说明了服务意识和责任意识的重要性。餐厅经理在处理客人投诉时,首先表现出了对客人的关心和尊重,积极地解决了客人的问题,并且通过赠送饮料和优惠券等方式,表现出了对客人的关爱和回馈。同时,餐厅经理也对服务员进行了批评和教育,强调了服务质量的重要性,体现了对工作的责任意识。这些做法不仅能够提高餐厅的服务质量,也能够培养员工的服务意识和责任意识。

任务考核

一、填空题

1.＿＿＿＿是指当客人对餐厅所提供的服务或产品质量感到不满意时,他们可能会提出投诉,要求解决问题、赔偿或其他形式的补偿。这些投诉可能涉及餐厅的各个方面,包括服务、食品质量、价格、环境等。餐厅需要积极处理这些投诉,以确保客人满意度和口碑的维护。

2.客人投诉的形式主要有＿＿＿＿、＿＿＿＿、＿＿＿＿、＿＿＿＿、＿＿＿＿五种。

3.客人对菜肴不满意的三种基本处理方式是＿＿＿＿、＿＿＿＿、＿＿＿＿。

二、多项选择题

1.处理对客人不礼貌的服务员的方式有(　　)。

A.避免在前　　　　　　　　B.当众批评服务员

C.让服务员回避　　　　　　D.扣发服务员工资

2.客人投诉处理的基本要求是(　　)。

A.态度端正　　　　　　　　B.方式妥当

C.记录工作　　　　　　　　D.私下处理

E.逐级汇报

三、实践题

以小组为单位,选择相关投诉主题,演绎餐厅服务员接受客人投诉的情景,熟悉并掌握客人投诉处理的一般步骤。

任务二 餐厅创新能力

知识准备

一、菜单设计

餐厅的菜单是一份列出所有可供客人选择的菜品的清单。菜单是餐厅提供商品的目录,是将各种不同口味的食品和饮料按照一定的组合方式排列在专门的载体上,供客人选择。菜单的内容主要包括食品和饮料的种类和价格。

（一）菜单设计的依据

1. 客人需求

在餐厅开业前,必须明确的关键问题是吸引哪些客人。没有一个餐厅能满足市场上的所有需求,只能满足某一类或几类群体的需求。因此,餐厅必须选择具有相似消费特点的客人作为目标市场,以更好地满足客人需求。通常可采用以下分类分析法进行目标市场客人的需求分析。

(1)按年龄组别分。

不同年龄群体对菜点和就餐环境的要求不同,年轻人大多喜欢新菜系、新菜点和轻松的就餐氛围,而年长者则大多更喜欢传统菜系和正规服务和就餐氛围,儿童需要有趣的菜点和相对活泼的就餐氛围。

(2)按收入水平和职业分。

不同收入水平的客人需要不同档次的菜点,高收入客人可能需要高档菜点,而低收入客人则需要中低档菜点;不同职业的客人也需要不同类别的菜点,如学生需要快餐,高级管理人员和商人则需要商务宴会餐等。

(3)按就餐动机分。

不同就餐动机的人对菜点的需求也不同,有充饥动机的客人要求清洁卫生、食品可口、价格实惠、服务迅速的菜点,有美食动机的客人要求风味独特、烹调技巧高超的菜点,团体客人及有会议和旅游动机的客人要求菜点大众化、烹调简单、服务迅速、价格合理,有宴请动机的客人要求菜点和餐具高级一点、有气派、就餐环境豪华、服务讲究。

(4)按客人来源的地区分。

不同国家和地区的人生活习惯不同,对餐饮产品的偏好和口味也不同,因此,他们要求不同档次并具有不同口味的菜点。例如,来自云南、四川、湖南的客人多数喜欢辛辣的川菜,而来自广东、福建的客人大多喜欢清淡的粤菜、潮州菜,北方客人则大多喜欢香浓醇厚的京菜和鲁菜等。

2. 成本与价格

设计菜单时必须考虑成本与价格这两个因素。从成本角度来说,虽然在菜点制作时已确定了标准的成本率,但并不是每道菜都符合标准成本率。对于一些高成本的菜肴,不能一味通过提高价格来实现规定的毛利率。因此,在设计菜单时,要注意有高低成本菜肴的搭配,以便制定有利于竞争和市场推销的价格,保证在总体上达到预期的毛利率。

3. 餐厅主题

菜单设计应该能够体现餐厅特定的主题和风格。餐厅的总体风格所表现出来的饮食文化实质上就是餐厅的主题。餐厅主题广泛,可涉及不同时期、国家和地域的历史人物、文化艺术、风土人情、宗教信仰、生活方式等,展现饮食文化的魅力。餐厅主题决定了餐饮经营的目标宗旨和组织形式。以特定菜系和风味为主题的餐厅,侧重餐饮产品的特色、成本、品质和服务等层面的发展;以文化为主题餐厅,偏重文化定位,通过环境气氛的营造和娱乐形式的开发,来创造一种文化氛围。

4. 餐饮设施设备状况

酒店餐饮设施设备影响着产品生产的数量及种类。在设计菜单时,一定要考虑设施设备能否保质保量地生产出菜单所规定的菜点。换句话说,应根据生产的能力设计菜单。

5. 原材料供应

凡列入菜单的菜式品种,厨房必须无条件地保证供应。这是一条相当重要但极易被忽视的餐饮原则。某些餐厅菜单上的菜点虽丰富,但客人点菜时却常常告知售罄或无法提供,导致客人的失望和不满,究其原因,通常是原料供应不足。因此,在设计菜单时就必须充分掌握各种原料的供应情况。菜单设计者必须了解当地市场的食品原料及这些食品原料的价格范围,并掌握采购这些原料的最佳时机,即价格合理、质量符合采购规格的时机。在掌握食品原料市场供应情况的同时,菜单设计者还应重视酒店餐厅现有的库存原料,特别是那些易损、易坏的原料,如鲜果、蔬菜、乳制品及各种可食用的备用食品,做到心中有数,并根据具体情况考虑是否增设当日特选菜点进行推销,或作适当的处理。

6. 市场竞争

除了了解客人需求,菜单设计还需要考虑竞争对手的情况。竞争对手调查主要针对直接竞争对手。直接竞争对手是指在本餐厅的中心市场区内,与本餐厅的经营范围和目标市场相似、提供类似产品和服务的餐厅。

（二）菜单设计的内容

1. 菜品名称与价格

菜品名称和价格是客人选择菜品的重要依据。对于未曾尝试过的菜品，客人通常会根据菜品名称进行选择。因此，菜单上的菜品名称会在客人的脑海中产生一种联想。客人对餐厅的满意度很大程度上取决于菜单上菜品名称所引发的期望值，以及餐厅是否能够满足客人的期望。因此，我们要求菜单上的菜品名称和价格必须真实可信，此外，菜单上所列的菜品也应保证供应，避免客人点菜时出现无货的情况。

(1) 菜品名称应该既好听又真实。

过于虚幻、夸张的菜品名称不仅不能吸引客人，反而会让客人感到反感。传统菜品和经典菜品的名称通常可以沿用具有传奇色彩的名称，例如闽菜中的"佛跳墙"和川菜中的"麻婆豆腐"。大众餐厅的菜单应该使用实际且为客人所熟知的菜品名称。当然，有些餐厅采用独特的菜名也能够取得成功，但这些名称在刚进入市场时通常会配有一些辅助说明。

(2) 外文名称要准确。

为了吸引外国客人，许多餐厅在菜单上为每个菜品配有外文名称，然而，如果外文名称书写错误，会让外国客人感到困惑和不解。这种情况会让客人对餐厅产生不信任感。

(3) 菜品质量应真实可靠。

原料的质量和规格必须与菜单介绍相符，如菜品名称是"炸里脊肉"，餐厅就不能使用猪腿肉作为原材料。原料的产地也应真实，如果菜单上标明是进口牛肉，就不能用国产牛肉代替。菜品的分量也应真实，菜单上标明的分量是多少，就应该保量供应。原料的新鲜程度也应该保证真实，如果菜单上标明是新鲜蔬菜，就不能使用罐装食品或速冻食品。

(4) 菜品价格应明确无误。

有些餐饮机构可能会加收服务费、特种行业经营管理费、包间费、开瓶费等，这些必须在菜单上注明，如果价格有变动，也要立即进行相应处理，收费应与实际供应相符。

(5) 菜单上列出的产品应保证供应。

有些餐饮管理人员认为，餐厅能制作的所有菜品都应该列在菜单上，以便给客人更多选择。但是，许多产品的原料供应并不能保证，如果所有菜品全部列在菜单上，客人点菜会出现许多菜品已经售罄的情况，这会让菜单显得不可靠和不严谨。

2. 菜品的介绍

菜单中应该详细介绍一些菜品，以帮助客人更好地选择菜品，减少点餐时间。以下是菜单上应该列出的介绍内容。

(1) 主要配料和独特的浇汁和调料。

一些配料需要注明规格和质量,如肉类要注明是里脊还是腿肉等。对于采用"讨彩头"方法起名的菜品,应注明其主料和辅料的确切名称。

(2)菜品的烹调和服务方法。

一些具有独特烹调和服务方法的菜品,应予以说明,而普通加工和服务方法则不需要介绍。

(3)菜品的分量。

许多菜品需要注明每份的量。西餐使用分量方法加注,如牛排200克;中餐则应标明大盘、中盘等不同的规格和分量等。

(4)菜品的烹调等候时间。

一些特殊菜品的加工时间较长,应在菜单上注明烹饪等候时间,以免较长时间才上菜导致客人不满。

(5)重点促销的菜品。

菜单上还应有餐厅重点促销的菜品的介绍,如对高利润菜、名牌菜、看家菜和滞销菜等的介绍,以引导客人购买。菜品的介绍不应过多,非信息性的介绍会使客人感到厌烦,从而不愿再光顾这家餐厅。但是,菜单如果像产品目录那样呆板地列出菜名和价格,则又会显得过于枯燥。

3. 其他信息

除了必要的菜品名称和价格等核心内容外,菜单还应提供一些告示性信息。这些信息应简洁明了,一般包括以下内容。

(1)餐厅名称。

餐厅名称通常会放在菜单封面上。

(2)餐厅特色风味。

如果餐厅有某些特色风味,而餐厅名称本身无法反映出来,最好在菜单封面或餐厅全名下方列出其风味,如标明以海鲜、粤菜风味等为主。

(3)餐厅地址、电话和商标号。

这些信息一般会列在菜单封底下方,有些菜单还会列出餐厅在城市中的地理位置。

(4)餐厅的营业时间。

餐厅的营业时间一般会列在菜单封面或封底上。

(5)餐厅加收的费用。

如果餐厅加收服务费,通常会在菜单每一页的底部标明。

菜单设计示例如图10-2-1所示。

图 10-2-1 菜单设计示例

（图片来源：https://www.zcool.com.cn/work/ZNTI2MTYxOTY=.html）

二、酒水单设计

（一）酒水单的种类

酒水单是餐厅和酒吧的酒水产品和价格的清单。酒水单既是酒水说明书，也是销售工具。随着酒水需求的多样化，各酒吧和餐厅都会根据自身经营特色制定酒水单。酒水单可分为以下四种。

1. 标准化酒水单

为了实现产品规范化和标准化管理，许多酒店在各自的餐厅内实施了统一的酒水单（不包括客房小酒吧）。

2. 综合酒水单

根据特点和功能，将酒水分为开胃酒、葡萄酒、烈性酒和无酒精饮料，并将各种酒水设计在一个酒水单内。综合酒水单通常用于餐厅、大厅酒吧和鸡尾酒吧。

3. 菜单酒水单

菜单酒水单的特点是将菜单和酒水单设计在一起，菜单的最后一项产品是酒水，目的是方便客人购买酒水。

4. 专业酒水单

专业酒水单只包括一种酒，根据酒的级别或产地进行细分。例如葡萄酒酒水单，这种酒水单主要用于主题酒吧或高级餐厅。

(二)酒水单的设计

酒水单在酒水销售中扮演着重要角色。一份出色的酒水单应该凸显酒水的特色,与餐厅或酒吧的氛围相得益彰,更好地为酒店带来经济效益。此外,酒水单也可作为一种艺术品,给客人留下美好的印象。酒水单的策划需要调酒师、酒水经营人员和艺术家的共同努力。

1. 设计步骤

(1)确定酒水市场需求、客人消费习惯和价格接受能力。

(2)详细列出酒水的名称、特点、级别、产地、年份、制作工艺、采购途径、成本、售价和合理的利润。

(3)精心选择高质量的纸张,认真策划和设计酒水单。

(4)合理排列酒水。通常按照烈性酒、鸡尾酒、利口酒、葡萄酒、啤酒、咖啡、碳酸饮料和果汁的顺序排列。一些餐厅也会根据客人用餐习惯和顺序排列酒水,如先是鸡尾酒、开胃酒、雪利酒和波特酒,然后是烈性酒、利口酒、中国白酒、啤酒和葡萄酒,最后是果汁、茶、咖啡和碳酸饮料。

(5)记录销售情况,定期评估和改进,不断开发客人喜爱的酒水。

2. 设计内容

酒水单设计内容应包括酒水种类、酒水名称、酒水价格、酒水介绍等。

(1)酒水种类。

在酒水单中,应该按照酒水的特点进行分类,然后列出各种品牌。通常酒水可以分为烈性酒、葡萄酒、利口酒、鸡尾酒和无酒精饮料等。也可以根据客人的饮用习惯将酒水分为开胃酒、餐酒、烈性酒、鸡尾酒、利口酒和软饮料等。在每一类酒水中,应该选择合适的品牌和有特色的酒水。此外,酒水单的设计应该注意各种酒水的味道、特点、产地、级别、年份和价格的互补性,使得酒水单上的每一种酒水都具有自己的特色。

(2)酒水名称。

酒水名称是酒水单设计的核心内容,直接影响客人对酒水的选择。因此,酒水名称必须真实,尤其是鸡尾酒名称的真实性。酒水名称必须与酒水质量和特色相符,夸张的酒水名称和不符合质量标准的酒水必然导致销售失败。配制鸡尾酒时,一定要使用符合配方质量标准的原料,不要使用低于行业标准的原料,数量也要符合配方标准。酒水的英文名称及翻译后的中文名称一定要准确,否则不仅会降低酒水单的营销作用,还会有损酒店形象。

(3)酒水价格。

酒水单上应该明确地注明每一种酒水的价格。如果在酒水服务中加收服务费,则必须在酒水单上说明。如果价格有变动,应该立即更新,否则酒水单将失去其功能。

(4)酒水介绍。

酒水介绍是对酒水的解释和说明,尤其是对葡萄酒和鸡尾酒的介绍。酒水介绍应该使用简洁、清晰的词语帮助客人认识某种酒水的主要原料、产地、级别、特色和功能等,这样,客人可以在短时间内完成对酒水的了解,方便其作出选择,从而提高销售量和服务效率。同时,酒水介绍也可以避免由于客人对某些酒水不熟悉而产生误解。

(5)其他信息。

一些酒吧和餐厅在酒水单上注明酒店餐厅和酒吧名称、地址、联系电话等,以及该酒店的其他餐厅和酒吧名称、地址、联系电话等,使酒水单起着广告的作用。

三、餐厅宣传海报设计

餐厅宣传海报是餐厅宣传的重要手段之一,一个好的餐厅宣传海报不仅要吸引客人眼球,还要让他们产生食欲,从而引起客人的兴趣。

(一)突出特色菜品

餐厅宣传海报上要突出餐厅的招牌菜或特色菜品,这类菜品可以采用大图或者文字进行突出设计。

(二)选择适合的颜色搭配

餐厅宣传海报的颜色搭配要符合餐厅的风格和主题,常用的颜色组合有红色和黄色、蓝色和白色等。

(三)使用美食图片

餐厅宣传海报上的美食图片要清晰、醒目,能够吸引客人的眼球。

(四)突出服务特色

如果餐厅有特色服务或环境,可以在餐厅宣传海报上进行突出,例如VIP包间、免费Wi-Fi等。

(五)添加口号

一个好的口号能够让人印象深刻,可以在餐厅宣传海报上添加一个简洁明了的口号。

(六)突出价格优惠

如果餐厅有价格优惠,可以将价格优惠信息在餐厅宣传海报上突出显示,例如折扣、套餐等。

(七)突出营业时间和地址

餐厅宣传海报上一定要清晰地标注餐厅的营业时间和地址,方便客人前来就餐。

餐厅服务实务

> **知识拓展**
>
> **美丽的装帧**
>
> 1.颜色和图片
>
> 　　菜单通过巧妙的色彩搭配和组合,可以更好地展示重点菜品。菜单的颜色应该与餐厅的环境、餐桌、桌布、餐巾和餐具的颜色相协调,以显示餐厅的风格。通常来说,鲜艳的大色块、五彩标题和插图适用于快餐厅等场所的菜单设计,而以淡雅优美的色彩,如浅褐色、米黄色、淡灰色、天蓝色等为基调设计的菜单,则会让人感觉餐厅有档次。
>
> 　　彩色菜品图片能够直接展示餐厅所提供的菜品和饮品,是菜品的平面呈现。一张诱人的菜品图片胜过大段的文字说明。许多菜品、点心和饮品通过彩色图片能显示其质量,如新鲜牛排、虾等。餐厅通常会将高价菜、招牌菜和客人最喜欢的菜品以彩色图片的形式印在菜单上。
>
> 　　需要特别说明的是,要注意菜品图片的印刷质量,如果菜品图片的印刷质量差、颜色有偏差,反而会让客人觉得菜品有问题,无法引起食欲,甚至感到不适,例如,一块牛排被印成绿色,苹果馅饼被印成灰色等。彩色图片边上应该印上菜名,注明配料和价格,以方便客人点菜。
>
> 2.字体和字号
>
> 　　菜单的字体是体现餐厅氛围、反映环境的重要元素,与餐厅标志一样,是塑造餐厅形象的关键组成部分。菜单的字体应与餐厅标志相协调,这是餐厅的重要特征之一。一旦确定了菜单的字体,就会与餐厅标志一起应用于菜单、火柴盒、餐巾纸、餐垫、餐桌广告牌和其他推销品上。使用易于识别的字体可以让客人感受到餐厅的餐饮产品和服务质量具有一定水准,并留下深刻印象。通常,仿宋体、黑体等字体通常用于菜单正文,而隶书则常用于菜品类别的标题说明。在引用外文时,应尽量避免使用稍圆的字体,而应使用常见的印刷体。
>
> 　　菜单的字号指印刷菜单时所使用的字的大小。调查结果显示,二号字和三号字最易被就餐者阅读,其中以三号字最为理想。

思政园地

> 　　除了人性化的设计,餐厅菜单还可以通过人文关怀的方式来体现对客人的关注,从而提升客人的满意度和忠诚度。以下是一些可能的做法。
>
> 　　1.提供健康饮食建议
>
> 　　在菜单上加入一些健康饮食建议,如"多吃蔬菜有助于健康""少食用高热量食品有助于控制体重"等,这些建议可以帮助客人更好地了解健康饮食的重要性,同时也体现了餐厅对客人健康的关注。
>
> 　　2.提供营养成分信息
>
> 　　在菜单上加入每个菜品的营养成分信息,如糖类、脂类、蛋白质、维生素、无机盐、水和膳食纤维等的信息,这些信息可以帮助客人更好地了解食物的

营养价值,从而更好地控制自己的饮食。

3.提供特殊饮食需求的选项

在菜单上加入一些特殊饮食需求的选项,如素食、无麸质、低热量等,这些选项可以帮助客人更好地满足自己的特殊饮食需求,同时也体现了餐厅对客人的关注和关怀。

4.提供环保选项

在菜单上加入一些环保选项,如使用可回收的餐具、减少食物浪费等,这些选项可以帮助客人更好地了解餐厅的环保理念,同时也体现了餐厅对环境的关注。

任务考核

一、填空题

1._____是一份列出所有可供客人选择的菜品的清单,是餐厅提供商品的目录,将各种不同口味的食品和饮料按照一定的组合方式排列在专门的载体上,供客人选择。菜单的内容主要包括食品和饮料的种类和价格。

2.酒水单的种类主要包括_____、_____、_____、_____四大类型。

3._____是客人选择菜品的重要依据。

二、多项选择题

1.设计菜品名称与价格时,应注意的方面有(　　)。
A.菜点名称应真实　　　　B.外文名称要准确
C.菜品质量应真实可靠　　D.菜品价格应明确无误
E.菜单上列出的产品应保证供应

2.酒水单设计的主要内容有(　　)。
A.酒水分类　　　　　　　B.酒水名称
C.酒水价格　　　　　　　D.酒水介绍
E.其他信息

三、实践题

选择一个周边的餐饮店,尝试为其改进当前的菜单设计。

任务三　点菜服务能力

点菜服务是餐饮服务中至关重要的一环,它不仅影响着餐饮服务的质量和客人的用餐体验,同时也直接关系到餐厅的经济效益。服务员在这一环节中扮演着双重角色,既是服务的提供者,也是餐饮产品的推销者。因此,服务员必须具备一定的业务素质和高超的服务技巧。在许多餐饮企业中,点菜的职责通常由领班或专职点菜员承担。

一、点菜服务的操作程序

点菜服务涉及具体的服务信息,对后续服务起着重要的指导作用。同时,点菜服务还直接关系到收银结账等方面的问题,因此餐厅和客人都非常重视。为了确保服务质量和经济效益的最大化,点菜服务必须按照规定程序严格操作。

点菜服务操作程序如下。
(1)向客人递送菜单,并主动向其推荐酒菜或提出建议。
(2)认真记录客人所点菜品及相关烹饪要求,并依据菜单开立的规定,将桌(房)号、菜单名称、分量、人数及负责开单人员姓名一并填入点菜单内。
(3)向客人复述所点菜肴及酒水,并获得客人的确认。
(4)将三联点菜单的第一联送至厨房,作为工作人员备餐的依据;第二联为出纳入账之用;第三联置于客人餐桌或服务台旁,作为上菜服务核对确认之用。
(5)注意点菜单各联的送达,以及取得客人的确认,以确保服务的准确性和客人的满意度。

二、点菜服务的注意事项

点菜服务的操作细节,往往决定着点菜服务的质量及客人的满意度,一个优秀的服务员应从以下几个方面注意培养自己的服务能力。

(一)时机与节奏

当客人入座后,服务员应立即提供"礼貌茶"和香巾服务,并询问客人是否开始点菜。有些客人可能需要等待或休息一下,不会立即点菜;而有些客人则希望立即点菜,不想浪费时间。服务员应该善于把握点菜的时机和节奏。

(二)察言与观色

在服务过程中,服务员应该注意观察客人的表情和心理变化,为客人考虑,权衡所点的菜肴和酒水是否适宜。有些客人表情焦急,说话语速较快,说明他们可能赶时间,服务员应该推荐方便、经济的菜品;如果客人不赶时间,不在乎加工时间长短,服务员应尽量使客人点得周全一些。察言与观色就是根据客人不同的表情和心理需求,推荐符合实际需要的菜品。

（三）语言与表情

服务员在为客人点菜时,应该面带微笑,体态端庄,语言亲切。报菜名应流利、清晰、语速适中,服务应主动和热情。

（四）认真与耐心

服务员在点菜时应该认真记录客人所点的菜品和特殊要求,仔细核对点菜单,避免出现差错。树立正确的服务价值观,耐心解答客人的问题,当客人发脾气时,服务员要宽容、忍耐,避免与客人发生冲突。

（五）清洁与卫生

服务员在进行点菜服务时要注意各方面的清洁卫生。菜单应该干净美观,记录用笔和单据应符合标准,服务员个人仪容仪表符合规范,让客人在点菜时放心。

（六）知识与技能

服务员应该不断拓宽自己的知识面,提高服务技能,才能应对复杂多样的场面,满足客人的不同需求。

三、点菜服务的要点技巧

点菜服务的技巧性很强,服务员应注意根据客人的不同情况,采用不同的推荐策略,才能使客人得到好的用餐体验,提升餐厅销售额。点菜服务相关技巧如下。

（一）了解菜单和酒水单

掌握餐厅菜肴和酒水的品质、特点、原料、口味、烹饪方式和产地等信息,以便为客人提供专业的介绍和建议。

（二）具备推销意识

根据客人的实际情况积极主动地向客人提供建议,而不仅仅是被动地接受客人的指令。

（三）熟记客人的饮食喜好和禁忌

对于熟客,服务员应该了解他们的口味和偏好,以便更好地为他们提供服务。

（四）把握推荐时机

当客人犹豫不决时,服务员应该先建议高中档菜系,再推荐中低档,或者向客人征询口味特点,再提供菜式建议。服务员应该注意不要以自己的喜好影响客人的选择,同时尊重客人的自主选择，不应表现自己的个人情绪。

(五) 熟悉常点菜式的介绍

随时为客人提供专业、生动、客观的菜品描述，以增加客人的食欲。同时，服务员应该根据客人的用餐顺序和习惯，恰当地推销介绍。

(六) 注意介绍餐厅的特色菜、时令菜和急推品种

特色菜反映了餐厅菜品烹饪的最高水平和特色风味，可以给客人留下深刻印象；时令菜可以让客人享受到季节性菜式；急推品种往往是餐厅需要迅速推销，以降低损耗的菜品。

知识拓展

微笑服务的训练

1. 嘴形笑

微笑可以开口微笑，也可以保持闭口微笑。首先，收紧额头肌肉，使眉头上提，形成弯月形。其次，用力将双颊肌肉向上抬起，嘴里像发"一"的音一样抬高两侧嘴角，但要注意下唇不要用力过大；或者稍微弯曲嘴唇，提高嘴角，双唇闭合，但是不露出牙齿，以使面部看起来带着笑容。最后，控制发声系统，避免发出笑声。

2. 眼神笑

眼睛的笑容可以表现为眼睛的轮廓或是眼神中的笑容。后者在人际交流中最能体现互动效果。为了练习这种笑容，可以用一张厚纸挡住眼下的部分，在镜子前采用情感回忆法，即通过回忆生活中让人开心的事情，来反复练习微笑。这样，你的眼睛自然会露出笑容，然后放松面部肌肉，嘴唇恢复原状，眼神中依然保持笑意，这种笑容能让人感觉温暖和亲切。

3. 语言笑

要培养语言修养、以言助笑，多使用敬语、雅语和谦语，常结合礼貌用语如"您好""请多关照"等，使说话有亲和力和魅力。

4. 姿态笑

要培养优美的身姿，以身助笑，多结合正确的站立姿势、坐姿、行走姿势、手势等，使举止雅致，大方流畅。

思政园地

海底捞是一家中国知名的火锅连锁品牌，其点菜服务也备受消费者喜爱。海底捞的点菜服务主要有以下几个特点。

1. 电子点菜

海底捞提供电子点菜服务,客人可以通过手机扫描桌上的二维码或者使用海底捞的点菜平板进入点菜页面,选择菜品并下单。服务员会根据客人的订单,及时为其上菜,提供更加便捷和高效的服务。

2. 智能推荐

海底捞的点菜系统可以根据客人的历史点餐记录和消费习惯,智能推荐适合客人口味的菜品,提高客人的点餐体验。

3. 服务提醒

海底捞的点菜系统还可以提醒服务员及时为客人上菜,避免客人等待时间过长,提高服务效率和客人满意度。

4. 数据分析

海底捞的点菜系统可以收集客人的点餐数据,分析客人的消费习惯和偏好,为餐厅提供更加精准的营销策略和服务优化方案。

海底捞的点菜服务得到了广大消费者的好评和认可,成为其品牌的一大亮点和优势。

海底捞点菜服务体现了以人为本的多重内涵。

1. 科技创新

海底捞点菜服务采用了电子点菜、智能推荐等科技手段,提高了服务效率和客人体验,体现了科技创新的重要性和积极作用。

2. 服务意识

海底捞点菜服务注重客人的需求和体验,提供便捷、高效、贴心的服务,体现了服务意识的重要性和价值。

3. 数据分析

海底捞点菜服务通过数据分析,了解客人的消费习惯和偏好,为餐厅提供更加精准的营销策略和服务方案,体现了数据分析在企业管理中的重要性和应用价值。

4. 社会责任

海底捞点菜服务提高了服务效率和客人体验,同时,海底捞积极履行社会责任,回馈社会。

任务考核

一、填空题

1. _____是餐饮服务中至关重要的一环,它不仅直接影响着餐饮服务的质量和客人的用餐体验,同时也直接关系到餐厅的经济效益。

2. _____往往决定着点菜服务的质量及客人的满意度,一个优秀的服务员应注意培养自己的服务能力。

3.点菜服务注意事项主要有_____、_____、_____、_____、_____、_____。

二、多项选择题

以下不属于点菜服务要点技巧的有(　　)。
A.了解菜单和酒水单　　　　　　B.具备推销意识
C.熟记客人生日　　　　　　　　D.优先推荐餐厅的特色菜
E.先向女士推荐点菜内容

三、实践题

以小组为单位,从网上收集一些不同内容的菜单,现场模拟演绎点菜服务过程。教师点评与小组互评相结合,指出模拟演绎的优点与不足。

任务四　餐饮数字化运营能力

知识准备

数字化营销是利用数字技术和互联网平台,通过各种数字化手段和渠道,以实现餐厅销售目标、提高运营效率和客人满意度为主要目的的营销方式。数字化营销可以根据不同的营销目标采取不同的策略和手段,例如:通过搜索引擎优化和搜索引擎营销提高餐厅在搜索引擎中的排名,增加曝光量和流量;通过社交媒体营销和电子邮件营销提高品牌形象和营销效果;通过数据分析等手段实时监控营销效果并对运营策略进行调整等。数字化营销的核心是基于数据和用户行为的精准定位,可以更好地了解客人的需求和行为,从而为餐厅提供更好的服务和产品,进而实现销售和经营目标。

一、电视营销

电视营销是一种传播速度快、覆盖面广、表现手段丰富多彩的形式,可以通过声像、文字、色彩、动感等多种方式感染观众。然而,电视广告制作成本高昂,需要耗费大量时间和人力,同时受到时段、播放频道、储存等因素的限制和影响,信息只能被动地单向传递。一般来说,晚上七点半至十点半是电视广告的最佳播放时间,但费用也相对较高。如今,各种电视广告层出不穷,只有具有创意的电视广告才能吸引观众的注意力。因此,餐饮企业在制作电视广告时应该从社会大环境出发,站在消费者的角度审视广告创意,以吸引更多的目光和提高广告效果。

(一)考虑社会大环境,融合文化传统

作为社会文化体系的一部分,餐饮企业电视广告必须融合社会特点,考虑公众的普遍心理,尊重多种文化习俗。不同国家的传统文化和民族尊严应该得到尊重,任何广告文化都受其民族传统文化、习俗和民族心理的影响。餐饮企业电视广告创意应该首先考虑经济性原则,在最短时间内传达最有效的信息,精练的创意让目标消费者在最有限的广告时间内形成深刻的印象。

(二)善于利用代言

在电视广告中,名人代言是一种常见的方式,但是选择代言明星时应该慎重考虑,尽量选择与品牌产品关联度高的明星。有个性的广告可以像有个性的人一样赢得人心。许多知名品牌采用中心人物代言也是一种有效的广告方式,例如"麦当劳叔叔"等,这些中心人物形象塑造了品牌或产品的形象,拉近了与消费者之间的距离。

(三)创意要切合品牌、产品特征

为了创作一个成功的电视广告,需要一个创意优秀、系统完善的广告策划案来支持。电视广告是一种产品宣传方式,其目的是促进产品销售和企业整体营销。产品必须具备独特的销售主张和明确的定位,才能在消费者心中占据独特的位置,加深对产品的认知,引发购买欲望,从而留下深刻的印象。

(四)优化和加强感官印象

为了制作一个成功的电视广告,必须考虑到大众的视觉需求,包括色彩、构图和音乐等方面。针对不同的受众群体,需要根据他们的审美需求进行创意设计。例如,针对年轻人的产品,需要追求活力和个性,因此在色彩方面需要使用亮丽的色彩,同时情感诉求也是非常重要的。

二、电台营销

电台营销采用的是线性的传播方式,因此需要使用生动具体的广告词语和口语来表述。广告语言应简洁明了,避免使用过于烦琐的句子和词语,以便让听众一听就明白,一听就懂,从而产生绝佳的广告效果。一般来说,电台营销适合本地或周边地区的消费群体,特别是针对年轻人和活跃人群。

(一)电台营销的特点

(1)电台营销的特点是成本低、效率高、受众广泛。通过热线点播、邀请嘉宾对话、点歌台等形式,可以激发听众参与,从而提高营销效果。

(2)电台营销存在一些缺陷,如传播手段受技术限制、缺乏资料性和可视性、表现手法单一、听众被动接受等,我们需要注意这些缺陷,尽可能地利用电台营销的优势,提高广告效果。

(3)各地方电台广播节目丰富多彩,选择适合日常生活消费群体收听的节目非常重要。如果消费者主要是上班族、学生等人群,则生活频道是首选,根据听众的需求和兴趣,选择合适的广告时段和广告语言,提高广告效果。

(4)不能忽视娱乐性极强、受众率极高的节目。需要根据当地实际情况进行详细的市场调查,寻找适合自身产品消费者广泛收听的节目。选择电台广播后,要确定宣传内容,如开业时间、促销方案等,以吸引听众的注意力,提高广告效果。

(二)电台营销的优势

虽然电台营销的广告量在总体广告中所占比例不大,但电台媒体具有其他媒体不可比拟的特点,如"随时随地收听"等,使电台广告成为主流媒体广告的重要补充。在大城市和网络发达的地方,电台广播仍然受到广泛关注,不应被错误地认为是要被淘汰的宣传方式。实际上,包括可口可乐在内的很多世界500强公司都设有专门的电台媒体策划部门。电台广播的效果在于其能够激发听众参与,具体原因如下。

(1)随着有车一族的增加,电台成为他们开车出行中获取信息的媒体之一。

(2)大多数手机都自带收音机功能,而且收听电台是免费的,因此电台广告是非常有效的宣传方式。通过描述和理性分析,可以轻易建立听众的信任感。

(3)相对于电视、户外、车身和网络等媒体,电台广告费用通常较低。

三、网络营销

(一)网络营销的内容

网络营销是指在互联网上发布的各种信息,包括公益性信息、商品信息及自身的互联网域名、网站、网页,以推荐餐饮服务的一种常见形式。这些信息通常以图标、标志、动画等形式呈现,具有色彩鲜明、不停跳动等特点。狭义的网络广告则是指付费发布的商业传播形式,包含声音、文字、图像和动画等多媒体元素,可供上网者观看和交互式操作。

越来越多的消费者,特别是异地消费者,已经习惯通过地方性餐饮网站查询当地美食,并在网上讨论。网络广告传播具有成本低、信息量大、不受时空限制等优势。据调查,80%以上的中小投资者已经习惯通过互联网搜索他们想加盟的品牌,因此,网络广告是一种非常有效的宣传方式。

(二)网络营销的优势

与报刊、广播、电视传统的三大媒体及近年来兴起的户外广告相比,网络广告具有得天独厚的优势。

1. 广泛的传播范围

网络广告可以通过全球互联网在任何时间、任何地点进行24小时不间断的传播。网民是网络广告的主要受众,他们具有较高的消费能力,可以在世界各地的互联网上随时浏览广告信息,这是传统媒体无法比拟的。

2. 自主选择的资讯传递

与传统媒体广告相比,网络广告具有更强的自主选择性。网民可以自由查询所需信息,避免了被动接受广告的情况。网络广告类似于报纸分类广告,可以将所需信息集中呈现,节省时间和成本。

3. 精准的受众统计

通过权威的访客流量统计系统,网络广告可以精确统计广告被多少用户看过,以及这些用户的时间和地域分布。这有助于正确评估广告效果,审定广告投放策略。

4. 灵活的实时性

与传统媒体广告相比,网络广告具有更高的灵活性和实时性。网络广告可以根据需要及时更改广告内容,包括改正错误。这样,经营决策的变化也能及时实施和推广。

5. 强烈的交互性和感官性

网络广告的载体基本上是多媒体、超文本格式文件,具有强烈的交互性和感官性。消费者可以通过轻按鼠标进一步了解更多、更为详细、生动的信息,从而亲身"体验"产品、服务和品牌。如果将虚拟现实等新技术应用到网络广告中,消费者将更加身临其境,增强网络广告的实效。

(三)网络营销常见模式

1. 餐饮企业的网站营销

餐饮企业网站建设适用于大型连锁餐饮企业,提供菜品介绍、会员招募、网络调研、客人网络体验、网络订餐等内容。餐饮企业网站是综合性的网络营销工具,以客人为核心,设计围绕客人,尤其是餐饮企业自身与客人联系密切,网站更要体现其服务特色和客人导向性。

2. 搜索引擎营销

搜索引擎是对互联网上的信息资源进行搜集整理,然后供人查询的系统,包括信息搜集、信息整理和用户查询三部分。搜索引擎是一个为人们提供信息"检索"服务的网站,使用某些程序把互联网上的所有信息归类以帮助人们搜寻所需要的信息。根据客人的使用习惯选择搜索引擎平台进行推广,设置相应的关键词,投放行业性广泛的关键词和精准度高的关键词。广告语方面,应抓住客人需求,突出优势。

3. 微博营销

利用微博进行餐饮企业的营销,可以节省营销成本。每个人都可以注册微博,与大家交流,或者参与讨论大家感兴趣的话题,达到营销目的,这就是当前比较常用的微博营销。

4. 团购营销

餐饮企业利用团购网站的团购活动可以在短时间内聚集人气,特别适用于新开张或急需打开市场的餐饮企业。团购是指认识的或不认识的消费者联合起来,加大与商家的谈判能力,以求得最优价格的一种购物方式。商家可以给出低于零售价格的团购折扣和单独购买得不到的优质服务。当前团购的主要方式是网络团购。

5. 抖音营销

抖音营销是近年兴起的网络营销模式,其形式多样,包括品牌广告、橱窗广告、直播带货、明星代言等,可以根据不同的营销目标选择不同的广告形式。抖音可以根据用户的兴趣、地理位置、性别、年龄等多维度数据进行广告投放,可以精准地找到目标用户。抖音用户活跃度高,每天使用时间长,用户数量庞大,可以为品牌带来大量曝光和流量。抖音的互动性强,用户可以通过点赞、评论、分享等方式与品牌进行互动,增强品牌与用户之间的互动和沟通。抖音的短视频形式和音乐元素,可以激发品牌的创意,让品牌更好地传达自己的形象和价值观。相比于传统媒体广告,抖音广告的成本相对较低,可以为中小企业提供更多的营销机会。

四、网上点餐

网上点餐是指客人通过网络在线选择餐厅、点餐、选座和支付,然后到店完成消费的过程。现在有些餐饮网上交易平台上线,客人可以直接在网上找到餐厅,无须进入实体店面即可欣赏餐厅的优美环境和美食,还能第一时间获得各种优惠、打折和促销信息。网上丰富的餐厅资源可方便用户查找和比较,并快捷地在线完成点餐、选座和支付,到店就可以直接就餐,省去了到现场等位、点餐、等菜、支付的流程,大大节省了就餐时间。此外,客人还可以提前多天下单,自由选择到店时间(精确到几点几分),就餐时间更加灵活。对于差旅人士,网上点餐还提供详细的地图功能,指引如何步行、驾车或乘坐公交到达,轻松地体验异地美食。对于公司团体用户,网上点餐提供统一管理与结算商务餐费的服务,便于有效控制开支。

不同的点餐形式适用于不同的场景和客人需求,网上点餐形式主要有以下几种。

(一)网站点餐

客人通过餐厅官方网站进行点餐,选择菜品、下单、支付等操作都在网站上完成。

(二)移动应用点餐

客人通过下载餐厅的移动应用程序,在手机上进行点餐、下单、支付等操作。

(三)第三方平台点餐

客人通过第三方平台(如美团、饿了么等)进行点餐,选择餐厅、菜品、下单、支付等操作都在第三方平台上完成。

(四)微信点餐

客人通过微信公众号或小程序进行点餐,选择菜品、下单、支付等操作都在微信上完成。

(五)电话点餐

客人通过拨打餐厅电话进行点餐,餐厅工作人员会记录客人的点餐信息并安排配送。

知识拓展

美团外卖的成功

美团外卖是中国较大的外卖平台,提供网上点餐、外卖配送等服务,其成功的原因包括以下几点。

1.大量的餐厅资源

美团外卖拥有大量的餐厅资源,覆盖了全国各地的餐厅,提供了丰富的菜品选择。

2.便捷的点餐流程

美团外卖的点餐流程简单便捷,用户可以通过手机App或网站轻松地完成选择菜品、下单、支付等操作。

3.快速的配送服务

美团外卖的配送服务快速可靠,用户可以在短时间内收到美食。

4.优惠的价格和活动

美团外卖经常推出各种优惠活动,吸引了大量用户使用其服务。

5.客户服务

美团外卖提供优质的客户服务,用户可以通过多种渠道获得帮助和支持。

以上因素共同促成了美团外卖的成功,使美团外卖成为中国外卖市场的领导者之一。

思政园地

美团外卖的成功,体现了良好的创新精神、服务意识及社会责任感等。

1. 创新精神

美团外卖在外卖市场中取得成功,离不开其创新精神。它不断推出新的服务和活动,满足用户需求,提高用户体验,这体现了创新精神的重要性,也是思政教育中培养创新精神的重要内容。

2. 服务意识

美团外卖提供优质的服务,包括便捷的点餐流程、快速的配送服务和优惠的价格和活动,这体现了服务意识的重要性,也是思政教育中培养服务意识的重要内容。

3. 社会责任感

美团外卖在提供服务的同时,也承担着社会责任。它通过提供就业机会、支持餐厅发展等方式,为社会做出贡献,这体现了社会责任感的重要性,也是思政教育中培养社会责任感的重要内容。

4. 团队合作

美团外卖的成功离不开团队合作。它的团队在不断协作、沟通、协作,共同推动公司的发展,这体现了团队合作的重要性,也是思政教育中培养团队合作的重要内容。

任务考核

一、填空题

1. 常见的数字化营销模式有_____、_____、_____。

2. _____是指在互联网上发布的各种信息,包括公益性信息、商品信息以及自身的互联网域名、网站、网页,以推荐餐饮服务的一种常见形式。

3. _____是指客人通过互联网在线选择餐厅、点餐、选座和支付,然后到店完成消费的过程。

二、多项选择题

1. 网络营销的优势有( )。

A. 广泛的传播范围

B. 自主选择的资讯传递

C. 精准的受众统计

D. 灵活的实时性

E. 强烈的交互性和感官性

2.以下不属于抖音营销特点的有(　　)。

A.具有更高的灵活性和实时性

B.可以根据用户的兴趣、地理位置、性别、年龄等多维度数据进行广告投放

C.抖音用户活跃度高,每天使用时间长,用户数量庞大,可以为品牌带来大量曝光和流量

D.能提供菜品介绍、会员招募、网络调研、客人网络体验、网络订餐等内容

E.制作成本高昂,需要耗费大量时间和人力

三、实践题

以分组或随机抽人的形式,请同学讲述自己亲身经历的网络点餐服务的经历,并分享相关的感受体验。

[1] 李艳,康桂敏,谭玉林.餐饮服务与管理实务[M].镇江:江苏大学出版社,2021.
[2] 胡以婷,施丹,王香玉.宴会设计与管理[M].镇江:江苏大学出版社,2021.
[3] 李勇平.餐饮服务与管理[M].沈阳:东北财经大学出版社,2021.
[4] 杜建华.酒店餐饮服务与管理[M].北京:旅游教育出版社,2021.
[5] 北京首都旅游集团有限责任公司.餐饮服务管理(中级)[M].北京:中国旅游出版社,2021.
[6] 李国茹,杨春梅.餐饮服务与管理[M].3版.北京:中国人民大学出版社,2016.
[7] 周妙林.宴会设计与运作管理[M].南京:东南大学出版社,2009.
[8] 陈戎,刘晓芬.宴会设计[M].桂林:广西师范大学出版社,2014.
[9] 周丽.酒店服务礼仪[M].桂林:广西师范大学出版社,2014.
[10] 田哩,李晓来.餐饮服务与管理[M].重庆:重庆大学出版社,2017.
[11] 樊平,李琦.餐饮服务与管理[M].2版.北京:高等教育出版社,2015.
[12] 孔英丽,秦晶.餐饮服务技能实训[M].北京:科学出版社,2021.
[13] 马开良.餐饮服务与经营管理[M].3版.北京:旅游教育出版社,2017.
[14] 李晓东.餐厅服务实训教程[M].北京:旅游教育出版社,2009.
[15] 陈静,谭波.餐饮服务与管理[M].青岛:中国海洋大学出版社,2021.
[16] 张文华,王飞.酒店餐饮服务与管理[M].长沙:湖南师范大学出版社,2020.
[17] 饶雪梅,鞠红霞.餐饮服务与管理[M].北京:高等教育出版社,2018.
[18] 李贤政.餐饮服务与管理[M].3版.北京:高等教育出版社,2014.

[19] 吴宝宏.餐厅服务与实训[M].长春:东北师范大学出版社,2014.

[20] 人力资源和社会保障部教材办公室.餐厅服务员(中级)[M].北京:中国劳动社会保障出版社,2016.

[21] 人力资源社会保障部教材办公室.餐厅服务员(技师 高级技师)[M].北京:中国劳动社会保障出版社,2020.

[22] 刘伟.互联网+餐饮:一本书读懂餐饮新趋势[M].北京:中国铁道出版社,2017.

[23] 党春艳,王仕魁.西餐服务与管理[M].杭州:浙江大学出版社,2016.

[24] 刘敏.中西餐服务知识与服务技能[M].北京:旅游教育出版社,2014.

[25] 吕尔欣.中西方饮食文化差异及翻译研究[M].杭州:浙江大学出版社,2013.

[26] 王芳.西餐文化与礼仪[M].北京:中国轻工业出版社,2018.

[27] 孙建辉,汪蓓静.西餐服务[M].2版.北京:旅游教育出版社,2017.

[28] 刘红专,贾治华.餐饮服务与管理[M].桂林:广西师范大学出版社,2015.

教学支持说明

为了改善教学效果,提高教材的使用效率,满足高校授课教师的教学需求,本套教材备有与纸质教材配套的教学课件和拓展资源(案例库、习题库等)。

为保证本教学课件及相关教学资料仅为教材使用者所得,我们将向使用本套教材的高校授课教师赠送教学课件或者相关教学资料,烦请授课教师通过加入旅游专家俱乐部QQ群或公众号等方式与我们联系,获取"电子资源申请表"文档并认真准确填写后发给我们,我们的联系方式如下:

地址:湖北省武汉市东湖新技术开发区华工科技园华工园六路

邮编:430223

酒店专家俱乐部QQ群号:710568959

旅游专家俱乐部QQ群二维码:

群名称:酒店专家俱乐部
群　号:710568959

扫码关注
柚书公众号